SUBLIME
EXPIAÇÃO

DIVALDO PEREIRA FRANCO

SUBLIME
EXPIAÇÃO

Pelo Espírito
VICTOR HUGO

Copyright © 1973 *by*
FEDERAÇÃO ESPÍRITA BRASILEIRA – FEB

12ª edição – 5ª impressão – 1 mil exemplares – 9/2023

ISBN 978-85-7328-680-9

Todos os direitos reservados. Nenhuma parte desta publicação pode ser reproduzida, armazenada ou transmitida, total ou parcialmente, por quaisquer métodos ou processos, sem autorização do detentor do *copyright*.

FEDERAÇÃO ESPÍRITA BRASILEIRA – FEB
SGAN 603 – Conjunto F – Avenida L2 Norte
70830-106 – Brasília (DF) – Brasil
www.febeditora.com.br
editorial@febnet.org.br
+55 61 2101 6161

Pedidos de livros à FEB
Comercial
Tel.: (61) 2101 6161 – comercial@febnet.org.br

Todo o papel empregado nesta obra possui certificação FSC® sob responsabilidade do fabricante obtido através de fontes responsáveis.
* marca registrada de Forest Stewardship Council

Dados Internacionais de Catalogação na Publicação (CIP)
(Federação Espírita Brasileira – Biblioteca de Obras Raras)

H895s   Hugo, Victor (Espírito)
         Sublime expiação / pelo Espírito Victor Hugo; [psicografado por] Divaldo Pereira Franco. – 12. ed. – 5. imp. – Brasília: FEB, 2023.
         248 p.; 21 cm

         ISBN 978-85-7328-680-9

         1. Romance espírita. 2. Obras psicografadas I. Franco, Divaldo Pereira, 1927–. II. Federação Espírita Brasileira. II. Título.

CDD 133.93
CDU 133.7
CDE 80.02.00

SUMÁRIO

PRÓLOGO 7

Livro Primeiro
ATUALIDADE MARCADA PELOS SOFRIMENTOS

1. A CARTA 9
2. A RESPOSTA 21
3. A COLÔNIA DAMIÃO DE VEUSTER 30
4. LUCIEN E MYRIAN 42
5. A CONFERÊNCIA 54
6. REENCONTROS FELIZES 73
7. A PRIMEIRA NOITE NA COLÔNIA 87

Livro Segundo
PASSADO DE SOMBRAS E GRAVAMES

1. SUCESSOS E DESDITAS PASSADOS 97
2. AS LICENCIOSIDADES CAVAM SEPULTURAS 112
3. SUCESSOS INFELIZES SELAM DESTINOS 122
4. ENCONTRO QUE DELINEIA TRÁGICO FUTURO 129
5. AUTOEXAME NA ENCRUZILHADA DA VIDA 136
6. INQUIETAÇÕES QUE PRENUNCIAM SOFRIMENTOS 144
7. NUVENS BORRASCOSAS SE AVOLUMAM 152
8. TRAMA NEFASTA E DESGRAÇA IMINENTE 160
9. CRIME, SURPRESA E LOUCURA 172
10. A PRIMAVERA REFLORESCERÁ O CORAÇÃO OUTRA VEZ 189

Livro Terceiro
LIBERTAÇÃO FELIZ

1. Reencontro em campo de luz   197
2. Dores que retornam pungitivas   202
3. Retorno ao lar e prognósticos sombrios   214
4. Guloseima e preocupação maternal   228
5. Lucien rompe as algemas   235
6. A bênção da paz   242

PRÓLOGO

Vidas são experiências que se aglutinam, formando páginas de realidade. Lições que compõem romances, novelas, tragédias, merecem recordadas, qual manancial de aquisição simples, para edificar outras existências na romagem terrena, que representa elevada concessão divina para o *milagre* transcendente da evolução.

Como o espírito é de ambulante contínuo de múltiplos avatares, até que se libere da contextura primitivista a que se vincula, o sofrimento não lhe constitui punição, antes significa-lhe buril aprimorador, por meio do qual, pelo processo de desgaste e sublimação, eleva o seu peso específico, pairando acima das mazelas e das imperfeições que o tisnam.

Destinado à felicidade, o espírito transita de experiência em experiência, coletando conquistas e adquirindo a sabedoria do amor que o libera de toda limitação e desgraça.

As vidas que desfilam neste livro são reais.

Suas personagens viveram até há pouco na conjuntura fisiológica. Algumas prosseguem no carreiro terrestre, o que nos fez pincelá-las com tintas especiais, sem que, contudo, as hajamos desfigurado.

Do leito da hanseníase à Pátria Espiritual conhecemos, nas dores de Lucien, uma expiação sublime — nós que ainda carregamos lepromas morais danosos...

Para a nossa reflexão espiritual, como advertência e roteiro, fiéis ao ensinamento de que o enfermo necessita de assistência médica, escrevemos esta obra.[1]

VICTOR HUGO

Salvador (BA), 2 de junho de 1973.

---

[1] Todas as notas pertencem ao autor espiritual.

Livro Primeiro
Atualidade marcada pelos sofrimentos

1. A CARTA

"Armando, meu abençoado amigo:
Jesus nos guarde na sua paz. Não mais consigo sopitar o incontido desejo que venho acalentando: o de escrever-lhe. Faz tanto tempo que nos vimos! Você não me reconheceria mais. Sou outro homem. A juventude passou pela minha porta tocando sua flauta de prata e, subitamente, a sua melodia se fez patética, soando em fortes instrumentos de dor. Cheguei à idade adulta e adentrei-me pela senda dos anos sob as modulações da tristeza, do desencanto e da mágoa. Não sou mais o mesmo. Aliás, ninguém é sempre o mesmo. Muda o corpo, mudam os conceitos, mudam as aspirações. Mudei também: de corpo e alma. O sorriso franco e jovial de ontem emurcheceu nos meus lábios, ora contraídos, e a luz do olhar tornou-se-me bruxuleante, sem claridade quase nenhuma. O corpo ágil entorpeceu-se e as mãos níveas, de delicados dedos que acarinhavam o teclado, arrancando os acordes nostálgicos de Chopin, agora parecem galhos retorcidos, atormentados, crispados pelas enfermidades longas...
Pensei muito antes de escrever-lhe.

Os anos, esses tentáculos do tempo, visitaram-me demoradamente, mortificando-me a cada instante, e ensinaram-me coisas e lições de sabedoria que somente o livro da vida, no leito da meditação demorada, consegue propiciar.

...Estou com hanseníase, meu amigo, há quase um decênio. Encontro-me internado na Colônia de Efraim,[2] no estado de Minas Gerais. Toda aquela dolorosa peregrinação por consultórios médicos terminou num leito de hospital de lepra."

Armando, que lia a carta, emocionado, olhou a última página e lá estava a assinatura trêmula: Lucien.

Levou a mão ao peito e sentiu o pulsar da bomba cardíaca. As mãos estavam frias. Reclinou-se na cadeira e não pôde conter as lágrimas. Pela tela da imaginação repassou os momentos que ficaram indelevelmente marcados nas suas evocações.

Jamais olvidara Lucien, a quem conheceu, fazia muitos anos, ao visitar, pela primeira vez, a cidade de Ofir, a serviço da Doutrina.

Aquele ar seráfico do jovem artista tocara-lhe o espírito sensível desde o primeiro momento, quando lhe fora apresentado.

O moço, de delicada feição e olhos negros muito brilhantes, era o espécime representativo do homem fadado aos grandes lances da arte cênica e musical nos famosos auditórios do mundo. Amante da música, desde os primeiros anos, revelara incomparável pendor para o piano, especialmente para a interpretação das páginas sentimentais e românticas de Chopin, conseguindo diversos prêmios nos múltiplos concursos de que participara.

---

[2] Por motivos óbvios, os nomes das personagens e das cidades onde ocorreram os acontecimentos em pauta foram propositalmente mudados.

Emotivo e sonhador frequentava, também, os movimentos jovens da Doutrina Espírita, destacando-se como delicado expositor dos princípios revelados pelo incomparável Allan Kardec.

Afável, muito facilmente conquistava amigos, estando sempre cercado pela admiração de todos.

Naquela noite, interpretara publicamente, como em poucas vezes, alguns *Noturnos*, de Chopin, com raro brilhantismo – recordava Armando. As melodias, dúlcidas e tristes, penetravam delicadamente a alma do auditório hipnotizado.

Aproximaram-se, após a conferência, e divagaram sobre planos futuros, quando o sol espírita se espraiasse pela Terra, anunciando a Nova Era.

— Nos intervalos dos meus futuros concertos – asseverara Lucien – produzirei conferências doutrinárias pelos diversos países que visitarei pelo mundo.

E de olhos brilhantes, voltados para o porvir não distante, acrescentara:

— Unirei as duas ciências: o Espiritismo e a Música, e farei vibrar as cordas sensíveis da Humanidade.

Naquele instante, parecia hierático Mensageiro da Esperança.

Viveram dias de emocionante fraternidade, lenidos pelas balsâmicas emoções do Espiritismo com Jesus.

Armando enxugou os olhos e voltou à carta:

"Peregrinei por diversos consultórios médicos, naquele tempo."

Sim, recordou o amigo.

No ano imediato, ao retornar a Ofir, encontrara-o desanimado, aturdido. Estranha enfermidade produzia-lhe inusitado sofrimento. As mãos, aquelas mãos delicadas e bem-conformadas, pareciam enfermas: inflamações nas articulações e dores que desapareciam inesperadamente.

Palidez acentuada na face e ligeira despigmentação nos pés, também irregularmente inchados.

— Reumatismo ou artritismo deformante — disseram alguns clínicos.

A terapêutica usada, todavia, longe estava de minorar as dores e as expectativas. Os dedos se negavam, como a desejar, à execução ao piano. Angustiado, supunha ser o fim.

— Sim, recorrera aos passes — afirmou contristado — sem resultado aparente. Estava disposto a consultar instrutores espirituais, que se revelavam Mensageiros da Saúde, por meio de digno médium residente em outro estado. Confiava em Deus!

— Já não esperava resultados por intermédio dos médicos encarnados — desabafou, em copioso pranto.

— Não desanime! — consolou Armando. — Jesus é o Médico divino de todos nós, e somente nos acontece aquilo de que temos necessidade: o que nos leva a pagar o que devemos e se faz imprescindível resgatar... Confie! A noite sombria é apenas aparência; além das pesadas nuvens fulgem as estrelas. Assim a dor, em nossa vida. Além dela, os sóis de ventura e paz, do infinito da vida. Coragem, amigo!

Despediram-se sob coercitiva inquietação.

— Ore por mim — rogou de voz embargada.

— Orarei. Faça o mesmo por mim — respondeu o companheiro comovido...

Agora Armando voltou à epístola, e a mente, de súbito turbilhonada, traduziu-lhe a palavra milenarmente detestada, buril de espíritos necessitados de sublimação, escada redentora, caminho áspero de libertação interior: morfeia!

Continuava a carta:

"Tratamentos hidrominerais, em diversas estâncias balneárias, foram-me inúteis. A doença avançava e as esperanças esmaeciam no meu espírito aturdido. A ideia do suicídio começou a tomar corpo na minha mente: era quase uma obsessão! Obsessão, sim, porquanto desde os primeiros dias da minha vida, à medida que a inteligência despertava, percebi estranha e peculiar presença no meu caminho: um ser que me dizia amar e que simultaneamente me detestava!

Após intermináveis visitas a consultórios, que redundavam em inúteis esperanças e mais tormentosos sofrimentos, em balneário distinto, alguém sugeriu à minha família que me conduzisse a certo dermatologista daquela cidade, excelente pela rapidez dos seus diagnósticos.

Ah! Meu amigo, a esperança! Aclarou-se-me o pensamento e voltei a sorrir.

Naquela tarde dirigimo-nos ao local indicado, meus familiares e eu. A consulta estava com hora marcada. No momento em que adentrei pela sala, o médico fitou-me a distância e disse, sem rebuços:

— Esse rapaz tem lepra!

Lepra?! — gritou-me a consciência. Quis correr. Era uma loucura. Alguém estava equivocado...

Ele se acercou de mim. Odiei-o, *incontinenti*, quando começou os exames especiais com substâncias quentes e geladas. Era-me impossível dizer o que sentia, não pela total insensibilidade da epiderme, mas pelo transtorno emocional que de mim se apossara.

Não, meu caro Armando, não se podem descrever emoções. Naquele instante penetrei na furna sombria do desespero, onde se fica dominado pela alucinação.

Os exames posteriores, a pesquisa de bacilos, infelizmente, ou felizmente?, confirmaram o diagnóstico impiedoso: era o mal de Hansen, a enfermidade bíblica, maldita, em mim. Imagine!

Sim, os lances são muitos e dolorosos...

Aqui estou, meu caro amigo, internado neste lar de recuperação espiritual, ao lado dos companheiros de antigas

loucuras, ressarcindo, com lágrimas, demoradas penas, profundas meditações...
Não lhe vou fazer sofrer, em face ao meu relato.
As minhas, são dores de que necessito, e não as posso repartir com os corações queridos.
Após ter peregrinado dez anos, entre os Sanatórios Psiquiátrico e Hanseniano, estou em paz comigo mesmo e trabalhando, na ansiosa expectativa de auxiliar alguém, dentre esses muitos irmãos de cruz redentora.
Desejo pedir-lhe que me ajude, por meio de amigos, pois sei que você os tem, a levar adiante os meus planos de terapêutica ocupacional para os internados que estão aos meus cuidados, a fim de que, oportunamente, na condição de egressos, tenham com que viver honestamente.
Não tenho amigos, ou melhor, creio que jamais os tive, com raras exceções, perfeitamente compreensíveis.
Minha família exigiu que eu mudasse de nome, a fim de os não envergonhar, quando aqui me internei. Em homenagem ao carinho que você sempre demonstrou por mim, resolvi adotar o seu: Armando!
A enfermidade não me fez sofrer o que a ausência dos familiares me produziu em angústia e soledade. Sou, desse modo, estranho, no seio da terra em que nasci, sem lar, sem família: sozinho, mas com Deus, que é, aliás, nosso melhor sustento.
Áspero tributo se paga sob as purulentas feridas da hanseníase.
Não sei como você receberá esta carta. Creio, porém, que muito bem, e que me envolverá no fervor da sua prece, de que muito necessito.
Guarde-me, desse modo, no coração e na lembrança.
Seu irmão na fé e pelo sentimento.

Lucien"

Armando mergulhou em profundas reflexões.
O "planeta de provas e expiações", a que se refere o ínclito Codificador do Espiritismo, pensou. As criaturas que se encontram na carne quase sempre estão em processo de reparo, corrigindo erros graves e preparando-se para a ascensão inevitável ao Reino da Luz. Mas até esse momento!...
Enxugou o suor que porejava abundante. As lágrimas não se atreviam a cair além da comporta dos olhos.
Reviu pela imaginação o amigo querido. Não pôde conceber como estaria ele agora.
Sinceramente comovido, buscou o concurso sublime da oração lenificadora e mergulhou no oceano sacrossanto da comunhão com o Senhor, intercedendo pelo amigo e dulcificando-se também.
Em retornando das paisagens edificantes da oração, Armando não pôde sopitar todas as recordações que lhe esfloravam a mente e o coração compadecidos. Jamais lhe ocorrera que Lucien estaria num leprocômio. A verdade é que nunca esquecera o jovem amigo. As lutas e as necessidades do dia a dia, não obstante o labor evangélico da disseminação da palavra do Senhor, colocaram a distância muitos sonhos juvenis, e embora a ponte do tempo o mantivesse ligado aos antigos afetos, deles frequentemente se distanciava.
Também ele experimentara suas próprias dores e sentira esse impositivo de evoluir, superando dificuldades e esmaecendo sombras do caminho, com a luz meridiana da fé. Sempre que repassava os dias transatos, o rio das lágrimas voltava, extenuante, a correr desde as vertentes do coração. Mas, afinal, a vida física é oportunidade purificadora, da qual, em regra, ninguém consegue eximir-se. Bênção divina, flui e reflui, facultando aprimoramento e libertação.

Por estranha circunstância que não conseguia decifrar, Armando, desde pequenino, sentia singular horror à lepra. Por vias intuitivas, sabia que fora ou seria leproso. Manifestações do inconsciente, face aos erros praticados em vidas passadas? — não saberia dizê-lo.

Na infância, muitas vezes, quando ouvia alguém pronunciar o nome aparvalhante, era acometido de crises dolorosas, de injustificável horror. Todavia, ignorava o que fosse a hanseníase. Jamais vira um portador do mal de Hansen.

A vida fora-lhe toda um rosário de sofrimentos, necessários e abençoados sofrimentos, de que se utilizava para a experiência de que carecia, a fim de ensinar o consolo de que fruía, na Doutrina Espírita, aos caminhantes da rota purgatorial.

Atraído ao aprendizado da Terceira Revelação por meios coercitivos, de que a Lei se utilizara, apaixonara-se pelo Cristo e pelas interpretações da Boa-Nova, sob a luminosa inspiração dos imortais. Entregara, então, as suas forças juvenis ao ministério da fé renovadora.

Sempre vencido pelo receio da lepra, experimentara, há dois decênios, expressivo fenômeno mediúnico, enquanto meditava, ao entardecer de certo dia.

Enquanto o poente enrubescia, teve a impressão de ver destacar-se, ao longe, fulgurante globo de luz que ia tomando a forma humana à medida que se aproximava até estacar, finalmente, a poucos metros dele. Era, no entanto, um *homem* de grotesca aparência. Na face, na garganta, nas mãos e nos pés, estavam os grosseiros sinais das lesões lepromatosas.

Amedrontado, Armando desejou fugir, mas estava ali fixado por ignota força.

"— Não temas" — falou-lhe o ser espiritual, após saudá-lo carinhosamente. — "Somos antigos amigos de loucuras intérminas, aos quais a concessão celestial faculta ensejos de imediata reparação.

"Na última caminhada terrena enverguei as roupas do que foi conhecido por Iésus Gonzalez... De jornalista incipiente, em próspera cidade paulista, marchei para a abençoada universidade do sofrimento: o Leprosário Damião de Veuster. Ali, pouco a pouco, sob o pálio da bondade dos Céus, aprendi a recolher as pérolas de luz da própria renovação. O Espiritismo, bafejando-me o espírito, balsamizou-me as úlceras lepromatosas, transfigurando-lhes a estrutura aos meus olhos atônitos e transformou a configuração da dor.

"Não me foi fácil o caminho pedregoso, em que se multiplicavam as urzes e os cardos de que necessitei para a própria purificação.

"Fruí, no entanto, a rara felicidade de convocar outros corações — antigos comparsas de crimes — ao aprendizado da fé espírita, por cujo roteiro reuníamos forças para levar de vencida problemas e limitações. Animados de propósitos superiores, embora o chavascal em que o corpo lentamente se transformava, edificamos na Colônia em que residíamos um Centro de Estudos Espiritistas, onde nossas esperanças refloriram e a estrela da caridade passou a clarear os muitos destinos que se reuniam para o conforto da prece, quando transferíamos as tristezas da Terra para as paisagens felizes da Espiritualidade, que nos aguardavam..."

A Entidade fez expressiva pausa. Armando, magnetizado, experimentava simultaneamente emoções diversas: receio pela aparência com que desencarnara o visitante — assim mantida como preito de gratidão à cruz dos sofrimentos reparadores — e simpatia envolvente pelo ser transcendental, muito superior à forma transitória da indumentária física que usara.

O visitante modulava as palavras com musical articulação, enquanto se metamorfoseava aos olhos espirituais do ouvinte fascinado:

"— Antes, conduzindo a clava dos impiedosos e o cetro dos reis, pisei terras que se converteram em cemitérios e cavalguei por sítios que se transformaram em solos áridos, crestados, após a passagem das minhas hordas sanguissedentas... Os séculos de dor, em regiões punitivas e purificadoras, não conseguiram modificar a estrutura do meu espírito rebelde... Novamente tornei aos cenários da Terra, para aprender e recuperar, mergulhando novamente em abismos de loucura política, corruptora e sanguinária, em que dezenas de milhares de vidas sofreram o guante da minha alucinação guerreira, em nome de falsos ideais de liberdade e dominação, para expungir em definitivo o passado culposo, no catre da lepra redentora, que bendigo!

"Tudo é transitório, amigo dileto, enquanto estamos no carro sombrio da carne humana. Somente o amor possui a linguagem definitiva e enobrecedora da vida, capaz de vencer o túmulo de cinzas e alcançar a madrugada espiritual. Permanecem as construções do bem e a luz da fraternidade, espalhadas por onde se erguem os alicerces da esperança.

"Renasceste, como todos nós, para recomeçar a experiência evolutiva. Trazes no perispírito, onde se sediam as necessidades que nos impomos, após os gravames das experiências malogradas, os *germens* da hanseníase, que poderão ou não manifestar-se e infectar-te o corpo somático, dependendo de como te utilizes das forças físicas ora ao teu alcance. Não apenas pelo impositivo expiatório recuperamos o patrimônio malbaratado do espírito... As Leis Soberanas são todas de amor, e pelo amor toda a '*multidão de pecados é perdoada*', conforme asseverou Pedro, recordando o Senhor da Vida, na Terra.

"O cabedal de energias que utilizamos no cumprimento do dever e na preservação da virtude multiplica-se, ampliando a potencialidade que lhe é própria, a benefício da usina donde promana, nos tecidos muito sutis do espírito. Assim, trabalha e serve, ama e ajuda. Pelo amor repararás os desastres da ignorância, da ira e da maldade."

Armando recordava que o Espírito estava, então, fulgurante. Modificara-se-lhe toda a aparência antes desagradável. Tornou-se verdadeiro Mensageiro da Luz e da Beleza. Radioso, era difícil de ser definido.

Após reflexão mais acentuada, o Benfeitor imortal prosseguiu:

"— Todas as fibras físicas diluídas pela enfermidade, sob o pálio da resignação, agora ressurgem em diáfana constituição, impossível de ser descrita para o entendimento humano. Se todo *'membro escandaloso deve ser amputado'*, conforme a concepção evangélica, todo instrumento de amor e redenção se converte em manancial de beleza e felicidade, pois a recíproca do ensino é verdadeira.

"Não te olvides, portanto, do próprio serviço renovador.

"Haja o que houver, persevera no bem e insiste na invariável misericórdia do Pai, que tudo prevê e provê. Não te desanime a luta, nem te faça recear a sombra do mal. Sejam tuas as mãos da caridade e teu o verbo da esperança, na conjugação do serviço eficiente, contínuo, intérmino. A vida é o que dela fazemos, na vitalização do destino.

"Visita, logo possas, os teus irmãos na dor: aqueles que a lepra interior esfloriu em chagas pestilenciais e não sabem caminhar, tu que também a trazes no espírito, sem exteriorizar-se, por enquanto...

"O medo produz sintonia com aquilo que se teme, pela própria vibração que emite. Assim, também, a esperança do bem eleva o espírito, graças às energias que elabora, facultando intercâmbio superior com a Verdade.

"*Os que caminham a sós* esperam por todos nós, os que já sabemos marchar, como aqueles que estão aprendendo a seguir a direção da Luz do Cristo..."

Armando recordava-se de que, a partir dali, do encontro inesquecível, modificara a forma de pensar, alterara os conceitos até aquela hora mantidos sobre a lepra. Aclararam-se-lhe os horizontes do entendimento e passara a participar de ágapes fraternos em colônias de hansenianos, quanto lhe permitiam as possibilidades, pois lá se encontravam os antigos cômpares das suas muitas lutas inglórias nos conturbados campos do mundo.

Por isso — reflexionava agora —, se ligara tão profundamente a Lucien, desde que o reencontrara na Terra, quando ainda não haviam desabrochado as rosas pútridas da enfermidade no corpo apolíneo do amigo.

Exsudava abundantemente. Havia silêncio em volta e o turbilhonar das recordações íntimas.

Amadurecido pelas lutas, adulto, sulcado pelas dores do caminho e conduzindo o fardo bendito de mil experiências, adquiridas a pesado esforço, Armando soergueu-se, abandonou a sala e dirigiu-se às atividades que o esperavam além do portal das reflexões purificadoras.

2. A RESPOSTA

Não obstante as reservas espirituais de ânimo de que Armando se supunha possuidor, a notícia do amigo em reparação dolorosa, num leito de leprosário, conseguira sulcar-lhe fundamente o espírito. Mesmo desejando retirar da lembrança o acontecimento martirizante, não o conseguia. Parecia rever o sorriso do jovem musicista, adornado de esperanças, e recordava-o, olhar fulgurante, sonhando com as possibilidades de levar adiante a excelência da Arte e a grandeza da fé, qual semeador de bênçãos pelos adustos solos das vidas humanas. Não atinava como estaria ele, exatamente.

Nas múltiplas visitas que fizera a leprocômios, vira as paisagens dos mutilados, quer no corpo, quer especialmente na alma. A grande maioria dos curados clinicamente, ou com a enfermidade estacionada, ao conseguirem retornar à comunidade dos sãos, na condição de egressos, logo volviam à Colônia, ante a impossibilidade de lograrem legítimo ajustamento na sociedade a que um dia pertenceram.

Receava, assim, que o amigo, apesar de apresentar-se animoso e entusiasta, estivesse a carregar pesado ônus de dor, no qual a juventude transcorria entre os martírios da rigorosa doença e do falecimento de todos os anseios acalentados em festas de sorrisos e ambições de beleza.

Nesse estado de ânimo, após demorada concentração, na primeira oportunidade em que se supôs renovado interiormente, dedicou-se a longa missiva ao mancebo, envolvendo-o na vibração carinhosa da legítima amizade, essa amizade que desdenha tempo, oportunidade e circunstâncias, sendo sempre luz meridiana a fulgir dominante, vitoriosa, sobre as sombras ameaçadoras. Para tanto, orara profundamente recolhido, de modo a haurir no conúbio da prece as indispensáveis energias para o cometimento da consolação a que se propunha.

"Lucien, irmão na fé e amigo dileto:
Seja a nossa a cruz redentora, sob cujo peso encontraremos a paz!
Sua carta chegou-me, e com ela suas notícias de sublimação. Lendo-a, volvi ao passado e reencontrei-o. Foi ontem; no entanto, faz tanto tempo! Agora, porém, o tempo escoou e tudo rutila alegrias e esperanças novamente em nosso caminho. Passado e presente resultam na união do futuro feliz, para quem tem sabido, como você, conduzir o fardo das provas nobilitantes.

Em cada palavra da sua mensagem, em cada pensamento, encontrei a flama da fé, e constatei, mais uma vez, o significado venturoso do verbo *crer*. Infelizes, sim, são aqueles que se veem obrigados a marchar na noite da descrença, após terem apagado a claridade da fé, na mente, e a da esperança, no coração. Isso, sem dúvida, constitui a mais áspera desgraça que pode acontecer a alguém. Possuindo-se, no entanto, essa fé que ameniza as paisagens torvas do sofrimento, o mais duro padecer dilui-se ante as perspectivas que se desenham nos painéis do espírito. Bem-aventurado aquele que crê, e simultaneamente testifica a fé, resgatando o passado turbilhonado, infamante..."

Armando fez uma pausa, acurando os sentidos psíquicos, para registrar melhor a inspiração do seu Espírito Guia, que dele se acercara, gentil e magnânimo, a fim de conduzir-lhe as ideias. Sentindo-se vigorosamente amparado, prosseguiu:

"Quando me preparava para dirigir-me ao seu coração, tomei de *O Evangelho segundo o Espiritismo* e abri-o ao acaso, como faziam os antigos cristãos com as 'anotações do Senhor'. A mensagem reconfortante, transcrevo-a *ipsis litteris*, do capítulo VI, item 6:

> *Venho instruir e consolar os pobres deserdados. Venho dizer-lhes que elevem a sua resignação ao nível de suas provas, que chorem, porquanto a dor foi sagrada no Jardim das Oliveiras; mas, que esperem, pois que também a eles os anjos consoladores lhes virão enxugar as lágrimas.*
>
> *Obreiros, traçai o vosso sulco; recomeçai no dia seguinte o afanoso labor da véspera; o trabalho das vossas mãos vos fornece aos corpos o pão terrestre, vossas almas, porém, não estão esquecidas; e eu, o jardineiro divino, as cultivo no silêncio dos vossos pensamentos. Quando soar a hora do repouso e a trama da vida se vos escapar das mãos e vossos olhos se fecharem para a luz, sentireis que surge em vós e germina a minha preciosa semente. Nada fica perdido no reino de nosso Pai e os vossos suores e misérias formam o tesouro que vos tornará ricos nas esferas superiores, onde a luz substitui as trevas e onde o mais desnudo dentre todos vós será talvez o mais resplandecente.* — O ESPÍRITO DA VERDADE *(Paris, 1861)*.[3]

Refleti, então, no conteúdo da excelente mensagem, passando à certeza de que mãos intangíveis conduziram minhas mãos, de modo a abrir o volume exatamente nesse local, onde estão as mais lindas páginas do Espiritismo

---
[3] Edição FEB.

Consolador. Sugerir-lhe-ia que lesse todo o capítulo, pelo ímpar conteúdo de que se constitui, mesmo que você já o tenha feito noutras vezes. A leitura das páginas espíritas produz o efeito de ser mais proveitosa, à medida que nos encontramos mais amadurecidos, mais experimentados na luta. A cada vez, rutilam melhor os seus conceitos e fazem-se mais profundos, mais nobres e significativos, oferecendo-nos paisagens dantes não descortinadas, que penetram o âmago do espírito com significação mais expressiva. Por isso mesmo, é o Espiritismo o 'Consolador' prometido por Jesus. Sua linguagem é sempre nova e bela, repassada de atualidade e sutilezas benéficas. Sem ele, meu amigo, que seria de nós, os náufragos de outras viagens, encalhados nas praias da carne, por nímia misericórdia do Pai?!

Costumo afirmar-me, nos momentos de reflexão, que tudo devo a essa invulgar Doutrina, que me arrancou das amarras obsessivas, impedindo que me arrojasse ao corredor da loucura, ou ao estreito cubículo do cárcere, ou, talvez, ao fundo fosso do suicídio. Espírito calceta, que me reconheço ser, somente por meio das lúcidas lições espiritistas tenho conseguido caminhar sem maiores tropeços, avançando sem mais alta contribuição de desespero.

Quando considero o mundo turbulento e as almas inquietas que jornadeiam sem rumo, atormentadas e atormentadoras, compreendo-as, sentindo-lhes o drama de não haverem fruído, ainda, a dita do contato demorado com a mensagem do Cristo Redivivo, de modo a mergulharem no mar da meditação salutar, dali saindo com novas disposições e melhores possibilidades de triunfo, na conjuntura física atual.

Por assim pensar, invejo-o, meu amigo. Invejo-lhe o resgate formoso, entre as exulcerações lepromatosas em que você renasce para a imortalidade, após o inadiável resgate de que ninguém se poderá liberar por fuga ou ludíbrio.

A Lei propõe que o endividado carregue a dívida na consciência até o momento da liberação. Assim, a momentânea tristeza que de mim se apossou ao lê-lo, logo se foi transformando num sol de amanhecer espiritual, no horizonte do meu pensamento, porque felizes são aqueles que dispõem do tesouro com que pagar suas dívidas, e desditosos os que prosseguem enganados, adquirindo pesados débitos para um amanhã difícil.

Examinemos a juventude atual. Eis aí os moços. Todas as oportunidades à disposição. Técnicas de comunicação vitoriosas, conhecimentos que transbordam, comodidades que se multiplicam, e, no entanto, não falta, entre eles, quem marche pelos terrenos da anticultura, afundando nos sonhos da alucinação tóxica, em que se entorpecem sentimentos e ideais, na imprevidência dolorosa. De aparência bela, são frequentemente estetas na forma e primários no sentimento. Alguns constituem biótipos de beleza física, que fazem inveja à estatuária de Fídias, de Praxíteles... Todavia, não passam, às vezes, de espíritos primitivos, recomeçando a jornada em boa indumentária, que despedaçam a golpes de loucura e desesperação.

Informaram-me os amigos espirituais que certo número deles é constituído pelos antigos conquistadores que invadiram a Europa, sob o comando de Átila, Alarico, Gengis Khan, Tamerlão e outros, demoradamente retidos em regiões próprias do mundo espiritual inferior, de modo a não perturbarem o progresso do globo em tempos passados, mas que agora foram liberados à reencarnação, para terem ensejo de evoluir e, também, a fim de que as suas dores e as suas truculências nos sirvam de advertências salutares para o próprio aprimoramento. Dizem que detestam a civilização, a 'sociedade de consumo', e desejam retornar à caverna, à Natureza, à comunidade tribal — donde, sem dúvida, vieram, e cujas impressões estão fortemente sulcadas nos refolhos da memória anterior. Suas necessidades se reduzem a rudimentos de beleza primitiva e imediatismo sexual, a que chamam amor, quando não passam de impulsos instintivos, nem sempre procriativos e por vezes aberrantes...

Recordo-me do que ocorreu à Bizâncio do século IV, em que a Arte abandonou o classicismo das formas e transitou do expressionismo ao impressionismo, ao abstracionismo, ao primitivo, e a Humanidade, logo depois, penetrou na hedionda 'noite medieval'... Tenho a impressão de que se repetem hoje experiências equivalentes... O homem, que é o maior investimento da Criação, se encontra relegado a plano secundário, no momento dos robôs e dos sonhos de biólogos e eugenistas fascinados por si mesmos, que se atribuem poderes divinos e não passam de homens atormentados interiormente. Ora, meu amigo, isto acontece porque esqueceram de Deus, esquecemos todos nós, ou quase todos, dos deveres cristianíssimos, que foram transferidos, por processos da acomodação religiosa, e solapados por falsas convenções sociais.

Nesse sentido, como em outros, o Espiritismo tem a sua mais grandiosa missão histórica, conforme previu Allan Kardec: a de transformar o homem, modificar o mundo!

Por isso, o seu imenso sofrer é lenido pela esperança de que tudo logo passará, ficando as lembranças valiosas a se transformarem em bênçãos de alto teor, inapreciáveis, por enquanto, inestimáveis sempre."

O missivista, fortemente inspirado, sob a orientação do seu benfeitor desencarnado, parou por alguns momentos, como se estivesse rearticulando a argumentação, e prosseguiu, logo depois:

"Repasso mentalmente o disparate entre as conquistas tecnológicas e éticas dos nossos dias. O homem, superconfortado, é profundamente infeliz. Por toda parte, a ambição da posse estruge em guerras, tão cruéis quanto insensatas. No entanto, a guerra de extermínio total, com que se ameaça o aniquilamento da Humanidade, tem origem na guerra constante que cada um trava no país de si mesmo. Intoxicado pelos vapores da ira e vencido pelo estimulante do ódio, o indivíduo se desintegra, de dentro para fora, sob o impacto da violência que acalenta, arregimentando forças negativas a que se escraviza mesmo após o decesso celular.

Muitos governantes do mundo pregam a paz, produzindo experiências de alto teor destrutivo, e não obstante a miséria que se espalha por toda parte, não raro se apresentam gargalhantes, como se não lhes coubesse, por isso, nenhuma responsabilidade, exatamente quando se multiplicam, de modo alarmante, os campos de trabalho forçado e a escravidão de muitos matizes, atingindo cifras jamais igualadas.

As aberrações morais adquirem cidadania e jactam-se de *modernismo*, enquanto os valores éticos envelhecem, passando a filigranas de museus. Ora, simultaneamente, também, os sublimes construtores da harmonia trazem à reencarnação antigos poetas e artistas, sábios e pensadores, sensitivos e pesquisadores de ontem, que ofereceram o melhor dos seus mais valiosos esforços aos ideais de sublimação da vida e do mundo, para que mergulhem no vestuário físico e implantem, com altas expressões de renúncia e sacrifício, os pilotis do mundo novo de amanhã, de que o Espiritismo se faz mensageiro, anunciador. Aí também, estão na condição de anjos encarcerados, prontos a distender as asas de luz, irisando os céus do espírito humano com as mensagens rutilantes da beleza, do conhecimento enobrecido, da justiça e da caridade, opondo sublime resposta aos atuais destruidores. Ocorre que, antes da Era Nova, se faz indispensável que os demolidores passem, com os seus carros de horror, destruindo as construções nefandas da ignorância que teima por sobreviver, e atinjam o clímax dos ultrajes, de modo a constrangerem todos à busca do que ficou na retaguarda, em grandeza moral e elevação espiritual.

Já se ouvem, aliás, os clarins renovadores. Ao lado da anarquia e do vandalismo, constroem-se os edifícios da esperança, da solidariedade e do amor, e o ar se impregna de melodias salutares, revivendo o classicismo, ou elaborando, por meio de pesquisas honestas, nas múltiplas manifestações da Arte, as novas expressões do sentimento e da cultura, que nortearão as exteriorizações humanas porvindouras.

Você, donde se encontra, está realizando largo investimento de beleza e renunciação. A Terra ainda necessita de mártires e heróis do amor para nos reanimarmos na própria marcha. Fazem-nos muita falta os expoentes da honorabilidade e do sacrifício, a fim de que, por eles conduzidos, alcancemos as metas da paz e da felicidade. Sua vida, portanto, é vitalidade para outras vidas. A luz represada na sua alma se transforma em sol, a fulgir no continente em que você se encontra e onde é sobremodo preciosa qualquer claridade superior.

Agradeço a Deus, meu caro, você haver retornado a mim agora, mediante a sua carta, e, logo depois, pela oportunidade que teremos de rever-nos e conversarmos demoradamente.

Deverei passar pela cidade de Opala, logo mais, no próximo mês. Ali proferirei algumas conferências espíritas. Como gostaria de tê-lo no auditório! Se, todavia, não lhe for possível chegar até mim, avise-me e irei visitá-lo na Colônia Damião de Veuster, em cujo ensejo cuidarei de meditar com maior proveito nas múltiplas lições vivas que aí se encontram em tratamento.

Outrossim, permita-me lembrá-lo de que não deixe de utilizar-se da terapêutica espírita: o otimismo constante, ao lado da confiança inalienável no Senhor. Use, também, a água fluidificada, evocando as lições do amantíssimo Cordeiro de Deus, nosso Mestre e Senhor.

Estarei na expectativa feliz do nosso próximo encontro. Até lá, orando, tentarei sintonizar com o nosso Pai, rogando-lhe nos socorra e nos guarde na sua misericórdia, de que muito necessitamos.

Com o carinho fraterno de sempre.

Armando"

Terminada a carta, o missivista, que a escrevia sob imperiosa inspiração, envolveu o companheiro em demorada vibração de paz refazedora, como se estivesse magnetizando os papéis, de modo a lenirem, pela exteriorização das palavras, aquele a quem se dirigiam as bondosas expressões.

Estranha, singular emoção continuou pulsando no espírito sensível de Armando, como se vigorosa força o atasse a Lucien fisicamente distante.

3. A COLÔNIA DAMIÃO DE VEUSTER

Quando Armando terminou a carta, buscou o refúgio de vetusto arvoredo, no pomar, e, pensativo, pôs-se a refletir. Era uma tarde calma de verão e o poente parecia um incêndio de luzes. O dia não fora muito quente. Sopravam brisas vindas do mar próximo e, acurando-se o ouvido, era possível escutar-se a quebrada das ondas, em ritmo contínuo, monótono... Melodias enchiam o entardecer, gorjeadas, docemente, pela passarada em festa.

Tudo eram convites à meditação, ao esvaziar dos problemas e ao mergulhar no oceano inefável das recordações, amenas quão sutis.

O pregador espírita, visivelmente emocionado, repassou pelo mágico painel da memória a existência atual, assinalada pela constante Presença Divina, nas mil nonadas e nos grandes momentos significativos do jornadear.

De período a período, reviu-se em visita à Colônia Damião de Veuster, na formosa e progressista cidade de Opala.

Aquela época não havia vencido de todo o receio da hanseníase, cujas impressões, fortemente marcadas no espírito, apavoravam-no. No entanto, conduzido pelas mãos de nobre amiga, verdadeira dama de caridade, que se afervorava no auxílio aos lázaros, embora residente fora dos limites do leprocômio, não relutou em conhecer de perto o núcleo espírita que ali movimentava esforços para lenir os sofrimentos dos internados.

Singular coincidência! Quando tivera o primeiro contato mediúnico com o Espírito Iésus Gonzalez — lembrava-se com minúcia de detalhes —, este lhe recomendara que, em chegando ao Centro Espírita, aquela noite, narrasse a entrevista, pois ali, alguém, por ele conduzido, iria dar-lhe esclarecimentos preciosos, passando a ser-lhe útil nos empreendimentos cristãos do futuro. Assim o fizera, e, terminada a alocução, veneranda senhora acercou-se-lhe, apresentando-se como sendo amiga de Iésus, que tivera a alegria inefável de conhecê-lo durante a expiação concluída. Convivera ao seu lado em muitos dias de inesquecível comunhão fraternal e com ele aprendera a arte da resignação e a virtude da esperança.

Naturalmente, depois dos informes, se abriram os elos do entendimento cordial e sólida amizade se estruturou, desde então, entre ele e a dama.

A Sra. Zínia Pittsburg encontrava-se em Hermínia, a encantadora cidade em que residia Armando, renovando-se, espairecendo, e, ao mesmo tempo, em viagem de carinho à memória de nobre Espírito, que lhe era caridoso Benfeitor. Graças à sua intervenção, por mais de uma vez, tivera a vida prolongada por terapêutica cirúrgica, por meio de dedicado médium, de Opala, que a operara, extraindo-lhe cruel e desenvolvido carcinoma, que se alojava, soez, na medula óssea, espraiando-se já por diversas partes do organismo. Dizia-se feliz, inteiramente feliz, tendo, em consequência, oferecido a vida, que já lhe não pertencia, ao mister do socorro aos mais aflitos do que ela mesma, visitando-os e ministrando-lhes o pão do otimismo; erguendo, mediante contribuição de dedicados amigos generosos, um Pavilhão para hansenianos tuberculosos, na Colônia Damião de Veuster, como tributo de reconhecimento a Iésus, o querido sempre vivo.

Junto à nova amiga, recordava Armando, passara dias formosos de lucubrações espirituais e programas de visitas não apenas a pessoas enfermas, como também ao Sanatório existente em Hermínia, sua cidade de residência.

À despedida, quando do retorno a Opala, Zínia convidou o amigo e confrade a visitá-la, logo fosse possível, quando, então, ela o conduziria à antiga residência de Iésus, levando-o pela mão ao santuário espírita que o abnegado lázaro erguera sob a constrição de pesadas dores, a fim de assistir os irmãos de martírio...

Ao ensejo, cumprira com o prometido.

A Colônia situava-se, como ainda hoje se encontra, em imensa gleba florida, salpicada de construções de tamanhos diversos, para atender, naqueles dias, a uma população de quase 3.000 internados.

À primeira vista, poderia ser tomada como sendo uma cidade comum, com a sua organização social e política, educacional e hospitalar, não fossem os sinais evidentes dos seus habitantes, em grande parte mutilados, claudicantes, deformados...

Fora-lhe dado o nome de Damião de Veuster, em homenagem ao abnegado padre Damião, que nascera na cidadezinha belga de Tremelo, a 3 de janeiro de 1840.

Em verdade, o nome secular de Damião era José. Quando estudante, em Louvain, ouvira falar sobre as Ilhas Havaianas e da necessidade de missionários para atender aos leprosos que as infestavam. Como não estivesse ordenado, ajudou dedicado companheiro, Pânfilo, a preparar-se para o cometimento que ambicionava. Todavia, foi constatado que a organização física do amigo não resistiria a viagem tão longa, o que o levou a rogar aos superiores religiosos fosse, então, admitido no lugar do amigo. À custa de orações e insistentes interferências, recebeu permissão da congregação para seguir.

Vencidas muitas peripécias, trabalhando em outras paróquias, chegou, por fim, à praia de Kalawao, na Ilha de Molokai, em cinzenta manhã de maio de 1873.

Ali, ele renovaria a esperança de muitas criaturas e construiria um mundo novo para os banidos, portadores da enfermidade que os egípcios já denominavam: "a morte antes da morte".

Um dia Damião lera, ainda estudante, no *Levítico*, 13:45 e 46: *"Portanto, todo aquele que estiver manchado de lepra, terá os seus vestidos descosidos, a cabeça descoberta, o rosto coberto com o seu vestido, e clamará que ele está imundo e sujo. Por todo o tempo que estiver leproso e imundo habitará só, fora do campo"*, e nunca mais olvidaria os tristes conceitos...

O terrível decreto ferira fundo a alma sensível do missionário em potencial, que, tomado de imensa compaixão pelos lázaros, passou a admirá-los e a querê-los desde então. A cruel enfermidade, considerada a mais antiga que se conhece, pois é mencionada na Índia, desde 1400 a.C. e na Pérsia, desde 800 a.C., atingiu cifras alarmantes na Europa do Norte, em certo período, quando se calculou que um quarto da população estava acometida do mal insidioso, contagiante e deformador.

Tão impiedoso e malsinante era o conceito sobre a lepra, que, para o portador do mal, se *rezavam serviços fúnebres*, distribuindo-se entre os parentes todos os seus haveres, pois o enfermo desde então era tido como *morto...*

A lepra tem sido encontrada em todas as partes do mundo: seja nos climas frios da Islândia, seja nos tórridos da Índia, entre as tribos bárbaras da África ou nas solitárias ilhas do Pacífico Sul, especialmente.

Os *livros sagrados* das Religiões mais antigas, como o *Talmud* e a *Bíblia*, a ela se referem como a verdadeira maldição divina.

Aos assírios-babilônios deve a Ciência moderna expressivo passo para o reconhecimento da doença terrível, pois que foram eles os primeiros a verificarem a sua transmissibilidade.

Sem dúvida, graças à ignorância da Medicina dos séculos passados, muitas enfermidades da pele eram também consideradas facilmente como sendo hanseníase, o que explica certa curabilidade muito fácil e constante. Mesmo na atualidade, tendo-se em vista os recursos granjeados pela ciência médica, a cura da lepra não pode ser constatada eficazmente. Consegue-se, desde que foi isolado o bacilo, deter-se a doença, por meio de muitos processos modernos, especialmente pelo uso demorado das *sulfonas*, da *diazona*, do *promin*, e de outros produtos farmacêuticos.

O Cristianismo, fundamentado no conceito sublime do *"amar ao próximo como a si mesmo"*, abriu as primeiras portas da compaixão e da misericórdia aos portadores de lepra, nos dias difíceis dos séculos passados. Proliferaram, assim, os *lazaretos*, onde cada recém-chegado era considerado como "se fosse o próprio Cristo que ali se hospedava", passando a receber a caridade da assistência e o socorro do amor fraterno.

Muito deve a Humanidade a esses primeiros hospitais, se levarmos em consideração a época de ignorância e promiscuidade, de imundície e indiferença humana, em que se multiplicaram.

Damião de Veuster foi, em Molokai, o exemplo cristianíssimo da caridade.

Reformulou as condições em que padeciam os enfermos, apresentou novos métodos de compaixão e higiene, dando toda a sua vida aos doentes, entre renúncias ásperas e devotamento ímpar, com inexcedível alegria.

Desencarnou a 12 de abril de 1889, tendo sido constatado pelas testemunhas que o assistiram no último hausto físico, que "desapareceram do seu rosto todos os sinais da lepra!", após o suave adormecer na Terra, para o sublime despertar, além de todas as vicissitudes e aflições, na Espiritualidade maior.

Em homenagem a esse Apóstolo da hanseníase, a Colônia, sediada na cidade de Opala, recebeu o nome do inesquecível Damião de Veuster.

Armando, recordava-se agora, adentrara-se na Colônia com a Sra. Zínia e outros amigos que os acompanharam na jornada, guardando ainda os injustificáveis receios que a ignorância injetara, em longos séculos de servidão, no espírito humano, a respeito dos portadores do bacilo de Hansen.

Era janeiro e o dia começara ardente — parecia rever aqueles acontecimentos.

Em toda parte, pela Colônia, havia flores, e árvores oscilavam ao vento, dando à paisagem matizes variados e agradáveis.

A pequena caravana fora recepcionada pelos familiares de Iésus Gonzalez, que, informados adredemente de que a Sra. Zínia Pittsburg ali estaria na oportunidade, se apresentaram para prestar à abnegada trabalhadora, e aos seus acompanhantes, um tributo de carinho.

A viúva de Iésus perdera a vista, fazia anos. Socorrida, no entanto, pelo devotamento dos companheiros, movimentava-se facilmente pela *cidade*, sendo amada, em decorrência do seu espírito cordial e caridoso. Desenvolvia, àquela época, expressivo labor espírita, no desempenho

das tarefas de médium de excelentes possibilidades, colocadas a benefício de todos.
O encontro se fizera agradável e gentil.
Subitamente, Arminda, visivelmente mediunizada, voltou-se para Armando e informou:
— Seja bem-vindo! Iésus está a dizer-me que o trouxe, a fim de que possamos manter a ponte de entendimento entre o *nosso mundo* e o de *lá de fora*, aquele que está além dos limites do portão de entrada...
Fez uma pausa significativa, para logo prosseguir:
— Esclarece-me que vocês estiveram juntos nos tumultuosos dias da França agitada, dos séculos XVI e XVII. Quando ministro de Luís XIII e um dos responsáveis diretos pela guerra dos Trinta Anos (no seu quarto período, o *francês*), ele, nas indumentárias de Richelieu, oferecendo apoio secreto aos inimigos da Casa de Áustria, resolveu definir-se, por fim, publicamente contra, o que facultou as vitórias francesas de Friburgo e de Norlinga, obrigando, em consequência, a Áustria a assinar o humilhante tratado de paz de Vestefália... Arruinados pelos ódios entre protestantes e católicos, que deram início à calamitosa hecatombe, a partir de 1618, os países beligerantes ficaram em dolorosa miséria, especialmente a Alemanha, que muito sofreu...
Arminda estava pálida e o rosto adquirira expressiva movimentação, não obstante os tubérculos que lhe deformavam a face. Prosseguiu, em tom inesquecível:
— Naqueles dias — continuou esclarecendo —, a figura de nefando sacerdote estimulava as ambições do cardeal, que colocara Deus na condição de francês, num zelo abominável e terrível, em que o fanatismo usava das mais repugnantes armas para sobreviver, em detrimento de todos os ideais humanos. A França, em razão disso, pagaria, no suceder dos tempos, pesado tributo de dor. Esse sacerdote, que vivera na sombra, caracterizado pelo

fervor religioso, na sua fidelidade a Richelieu, conseguira que este adquirisse o chapéu escarlate e o manto de púrpura...
"Muito lhe cabe agora fazer, para reparar as inúmeras calamidades e aflições espalhadas naquele então, pois o sacerdote era você. Para tanto, os fiadores da sua atual reencarnação concederam-lhe, por nímia deferência do Senhor, incontáveis recursos, que, colocados a serviço do bem sem limite, serão multiplicados, como narrado na 'Parábola dos Talentos'... Em contrário..."
Arminda silenciou bruscamente.
Armando estava pálido, os olhos fora das órbitas, a respiração ofegante, e exsudava abundantemente. Parecia rever, nos recônditos do espírito, as cenas que o corpo fizera esquecer, mas que se não apagaram...
Compreendia, agora, um sem-número de fenômenos que lhe ocorreram durante toda a vida. Em criança, era dominado por acentuado fervor religioso, entregando-se a demoradas orações, até ao cansaço ou ao desmaio, na Igreja que frequentava, na cidade em que nascera. Depois, as impressões íntimas que experimentava, as lembranças nubladas pelo conflito de emoções e imponderáveis sensações martirizantes... Os receios sem-fim que o atormentaram desde os primeiros dias e, sobretudo, aquelas terríveis *presenças espirituais* afligentes, que lhe falavam de vingança, por pouco não o conduzindo ao total desequilíbrio psíquico, eram legítimos — pensava. Fora no auge desses padecimentos que travara contato com a Doutrina Espírita, fazendo o processo de transferência das aspirações e ansiedades atuais para Jesus Cristo, o Herói supremo e incomparável Guia da Humanidade.
Sem poder deter as lágrimas que lhe aljofravam a face, Armando, muito lívido, apoiou-se ao braço amigo de Zínia que o enlaçou maternal, compreensivamente.

Nesse momento, incorporada pelo antigo esposo, Arminda, em tonalidade de voz emocionada e bela, prosseguiu:

— Se o passado é nossa sombra de dor, o futuro significa a nossa primavera de bênçãos, conforme o presente ao nosso alcance. As trevas cedem ante a luz, e o sofrimento desaparece em face à alegria da esperança e ao consolo da consciência em tranquilidade. Ninguém paga além do débito a que se vincula. O amor, porém, é o permanente *haver*, em clima de compensação de todas as desgraças que por acaso hajamos semeado, recompensando-nos o espírito pelo que fizermos em nome do bem e realizarmos em prol de nós mesmos.

"Reaprendi, aqui, nas tábuas da lepra, o que a púrpura me fez atirar fora, recuperando oportunidades felizes que somente agora posso avaliar em toda a sua extensão... No auge do poder, fiz-me mais uma vez calceta, e, arbitrário, cavalguei sobre os sentimentos alheios, utilizando-me do relho da impiedade e das furnas do presídio, a que foram atiradas milhares de vítimas inermes das minhas paixões... As rosas da lepra, a desabrocharem no meu corpo, irrompiam dos intrincados tecidos perispirituais onde estavam fixados, a ferro e fogo, os gravames criminosos a que me jungira espontaneamente, apesar dos convites divinos do Pai, por meio das mil expressões da vida, ao amor, ao bem, à fraternidade...

"Esquecera deliberadamente que o dia começa ao amanhecer, mesmo que algumas sombras restem, momentaneamente, parecendo ameaçar a claridade diamantina da madrugada. A luz sempre chega e triunfa, mesmo porque a treva nada mais é do que a ausência dela, não tendo, portanto, nenhuma significação real.

"À medida que o corpo se desfazia, putrefato e nauseante, a meditação em torno da justiça do céu descerrava-me as paisagens do futuro, diminuindo a agudeza das dores experimentadas. Bendigo, assim, toda amargura e aflição, por meio das quais consegui o encontro comigo mesmo, sob o pálio protetor da fé renovada, de que se fazem intérpretes os mensageiros espirituais, essas Vozes que logo estarão ecoando por toda a Terra, convocando em definitivo o homem para os caminhos da Boa-Nova e anunciando a Era da Fraternidade e da Paz, prometida pelo Cristo Jesus.

"Não receies, nem temas, nunca! O pântano desprezível é desafio ao nosso esforço para mudar-lhe o aspecto, e a aridez do deserto é incitação à nossa capacidade de transformá-la em jardim de esperanças e em pomar de bênçãos... Imprescindível começar agora a nossa obra de aprimoramento interior, enquanto surge a oportunidade favorável. Amanhã, talvez seja tarde demais, e o minuto valioso já se terá esvaído na ampulheta do tempo. Cada coração é nosso momento de produzir; cada sofrimento é nossa cota de reparação. O adversário significa o solo a trabalhar, esperando por nós, enquanto o amigo é dádiva de que nos devemos utilizar com respeito e elevação.

"Não fites a noite esquecendo-te das estrelas, nem arroles queixas. Quem serve a Jesus, redimindo-se, não tem o direito de reclamar contra nada, contra coisa alguma. O que lhe chega é além do que merece; o que lhe cabe representa contribuição superior à sua própria valia.

"Assim, esparze a luz, sempre e incessantemente, qual operário da alegria, mensageiro da consolação, recordando sempre Jesus, o Modelo inquestionável, de quem não nos podemos apartar, haja o que houver. Irriga o teu jardim e resguarda o teu campo, entregando a mocidade e todas as tuas forças juvenis ao rendimento das horas, semeando e amando. Não pares para examinar resultados, nem te fixes na observação das consequências. Segue sempre além, ajudando e ajudando, porquanto somente ajudando merecemos ser ajudados...

"...Expulsa a antiga lepra do mal, transformando-a em flores do bem, a recenderem aroma por onde passes, onde estejas, como te encontres, no serviço da imortalidade. O Senhor seguirá contigo, e mesmo quando todos estiverem aparentemente contra ti, tem em mente que o desprezo do mundo, por causa do Senhor, testifica que o Senhor está conosco, Ele que até hoje continua ignorado e, mesmo quando proclamado por milhões, prossegue esquecido..."

Iésus Gonzalez traduzia, por meio da mensagem psicofônica, a surpreendente e inesperada emoção que o amor produz nos refolhos do espírito.

Aduzindo expressões de carinho aos demais membros da comitiva, e despedindo-se, facultou que Arminda retornasse à lucidez normal, com o semblante irradiando simpatia e gentileza.

Todos estavam vivamente emocionados. Silêncio profundo se abateu, então. Os grandes momentos dispensam algaravia e comentários, a fim de que o conteúdo dos ensinamentos se gravem indelevelmente no coração e na mente.

A passos tranquilos, dirigiram-se ao Pavilhão que o carinho de Zínia edificava, já em fase final de obras, rumando depois para o Centro Espírita Irmão James, em homenagem ao sacerdote que tanto auxiliara Damião, no seu *Lazareto* em Molokai.

Instado a proferir algumas palavras, dirigidas aos hansenianos, Armando, ainda dominado pelas vibrações felizes dos minutos passados, teceu enternecedoras considerações sobre a vida e a desencarnação de Maria, a arrependida de Magdala, conseguindo transmitir à mente dos ouvintes, pelo fenômeno da ideoplastia, as cenas, ora rutilantes, ora dolorosas, do drama da incomparável servidora de Jesus.

Terminado o programa doutrinário, saíram a visitar as diversas dependências da Colônia, volvendo, ao entardecer, a Opala, com o espírito lenido e enriquecido de esperanças e de ânimo, para as tarefas no "mar dos homens".

Sob a emotividade das recordações, Armando não se apercebeu de que a noite houvera caído sem preâmbulos e de que, na escumilha das trevas, pareciam balouçantes os diamantes estelares, quais indicadores luminosos, apontando para o futuro.

— Sim — murmurava, enquanto o vento leve segredava-lhe aos ouvidos uma balada sutil —, voltaria várias vezes a visitar os companheiros ali internados e aprenderia a respeitar a saúde, a valorizar a vida e, sobretudo, a considerar a dadivosa concessão do corpo, cujo significado inestimável somente poucos parecem compreender.

E pensou: era ali que estava, agora, Lucien. Esperava encontrá-lo em breve, em Opala, ou iria abraçá-lo no seu atual domicílio.

As horas avançavam. Retomando o fio das atividades, retornou a casa, com o peito túmido das estranhas emoções que o acompanhariam desde então, por toda a vida física.

4. LUCIEN E MYRIAN

Lucien encontrava-se internado. O progresso da hanseníase obrigara-o a acamar-se para tratamento mais rigoroso. Uma das pústulas de mais longo curso, que lhe infectava a falange do dedo mínimo do pé esquerdo, produzira gangrena e tornara necessária a amputação, que estivera sendo adiada, na expectativa de uma regressão do mal. Outras se mostravam também provocadoras da mesma providência cirúrgica, e o paciente rendia-se a compreensível melancolia. O que ele há muito receava eram as incessantes amputações que terminariam por atingir os pés, impossibilitando-lhe a locomoção.

O Dr. Madeira recomendara-lhe, fazia tempo, que não protelasse a cirurgia, sob pena de ter os próprios pés comprometidos, o que lhe obrigaria a amputá-los.

O moço, porém, que se encontrava aparentemente bem, cooperando ativamente na Clínica de Recuperação Psiquiátrica, do Sanatório, de modo a libertar outros companheiros de sofrimento das fobias e dos desequilíbrios provocados pela enfermidade, passou a experimentar recaída emocional lamentável. Sentia-se desanimado, como se houvera produzido nele o cansaço de viver, embora fosse otimista e diligente servidor.

Ocorre que os males demorados quase sempre conseguem minar as resistências mais vigorosas, se estas não se renovarem na oração constante e no recolhimento salutar da meditação, fontes geradoras de esperanças superiores e de forças desconhecidas...

Apesar de ser ainda outono, aqueles eram dias muito úmidos e frios, face à chegada inesperada de massa polar procedente do Sul, acompanhada de ventos hibernais. Com a mudança da temperatura, em queda brusca, Lucien experimentava ainda maior mal-estar.

Sem que o desejasse, era sacudido, em seu abatimento, pelas constantes lembranças dolorosas dos dias passados.

Esquecia-se, nesse comenos, que evocar a dor é voltar a padecê-la; reflexionar sobre a amargura produz amarguras novas, e repassar os momentos agônicos, pelo pensamento, leva a agonias ainda mais afligentes, adicionando novas tristezas às antigas decepções.

Quando o homem entender e praticar as lições do otimismo, nos momentos mais graves, e entregar-se às mãos de Deus, em quaisquer conjunturas, sofrerá muito menos, porque se libertará do antigo hábito da autocompaixão e do egoísmo, para plainar acima das vicissitudes e das constrições malsinantes da autocomiseração, de resultados sempre molestos. Essa tarefa o Espiritismo conseguirá realizar, a seu tempo, ajustando o pensamento humano à só valorização das coisas legítimas e boas, sem quaisquer conúbios com a insensatez e o comodismo, que engendram expressões de secundária significação e mórbidos desequilíbrios.

Assim, vinculado ao pessimismo, face ao próprio estado, não vigiava a mente o necessário para liberar-se dos antigos inimigos desencarnados que o assediavam, obstinados e insaciáveis, penetrando-o com estiletes de sombra e desencanto, para produzir-lhe dose maior de desespero, ponte hábil para a loucura ou o suicídio, nas suas feições diretas ou indiretas.

Desse modo, vencido psiquicamente, mergulhado em deprimentes conjeturas, que mais lhe aumentavam os sofrimentos íntimos, abriam-se, ou reabriam-se, novas ou antigas feridas do sentimento amargurado. Sem dúvida, fora-lhe muito dorida a experiência juvenil, quando vitimado pela hanseníase. Os amigos se afastaram, os familiares abandonaram-no, os sonhos se converteram em pesadelos e as aspirações murcharam na haste da esperança. No entanto, Jesus sempre lhe estivera próximo, estendendo as mãos generosas, em socorro urgente. Não lhe faltaram o concurso, a inspiração, a assistência dos benfeitores espirituais a conduzi-lo nos momentos mais graves.

Dentre esses anjos do amor que o socorreram, lembrava-se destacada e incessantemente da nobre Sra. Myrian Vasconcelos.

Viúva, rendera à memória do esposo os melhores sentimentos, dedicando-se ao ministério da Doutrina Espírita e ofertando o tributo da sua vida aos infelizes. Soubera renunciar às frivolidades da convivência social, para adentrar-se pelo matagal dos pesares humanos e abrir clareiras de consolo onde somente a urze do desespero e o charco da vergonha conseguiam viger. Sintonizada com as altas esferas da vida abundante, aplicava os recursos mediúnicos ao esclarecimento dos desencarnados e à iluminação dos encarnados, graças ao verbo fácil e florido de que se fazia instrumento. A palavra do Senhor, pelos seus lábios, adquiria modulações desconhecidas, e a lógica da sua argumentação sabia silenciar o ridículo ou a zombaria, fulminando a má vontade com certeiros golpes de energia salutar. Por isso mesmo, granjeara na sua cidade natal, Safira, o respeito geral e a consideração que se doam aos que se tornam elementos preciosos na constituição das comunidades nobres. O Espiritismo, graças aos seus valiosos esforços, adquirira cidadania por meio dela, e o Núcleo Espírita tornara-se a Igreja da consolação e do esclarecimento, onde todos encontravam a água viva da luz e do bem.

Lucien fora discípulo das luminosas lições de Evangelho para crianças, por meio da abnegada Sra. Myrian. Ao seu lado, descobrira as belezas e as florações da Boa-Nova, incorporando-as quanto possível ao dia a dia das horas infantis. Vivaz, inteligente, sonhador, encantava a mestre-amiga, que nele, por seu turno, descobria o filho que o matrimônio não lhe concedera, entregando-lhe o cabedal de carinho que somente a maternidade, sublimada pela renúncia, sabe distender generosamente. Parecia conhecê-lo desde sempre, e muitas vezes se perguntava se não seria Lucien o anjo dos seus sonhos de mãe frustrada, que não merecera a alegria de acalentar no próprio regaço a carne da sua carne.

Conhecedora das *leis de causa e efeito*, concluía que a justiça se fazia disciplinante e adiava para o futuro o que no presente não lhe facultava possuir. Amava, porém, o garoto, sem qualquer discriminação, por considerar que o verdadeiro amor brota e medra em qualquer lugar e circunstância, não sendo necessária a vinculação consanguínea, pois na consanguinidade nem sempre estão os verdadeiros amores, e sim, mais comumente, os desafetos, que retornam para os processos de reajustamento e renovação, de que todos carecemos.

Com esse devotamento fraternal, regava as esperanças do mocinho, com mãos de fada benfazeja. Seguira-o na sua carreira fulminante de pianista, orando, sabendo que o passado nele se manifestava em forma de presente, com juízo perfeito das imensas responsabilidades e das grandes lutas que, certamente, um dia lhe chegariam, espírito em lapidação, qual somos quase todos nós, os que nos encontramos nos círculos das reencarnações provacionais e expiatórias.

Por ocasião do Concurso Internacional de Piano, Prêmio Chopin, realizado na Europa, ela acompanhara mentalmente Lucien, como se fora um círio votivo aceso à janela da espera, a fim de apontar-lhe o caminho de volta, se, por acaso, a estrada estivesse sombria, quando do seu retorno. Por correspondência contínua, e por meio dos informes radiofônicos, seguira com preocupação materna os lances do invejado Concurso, orando e esperando. Quando a vitória foi concedida a Lucien, a custo conseguiu sopitar a alegria e a ansiedade, enquanto aguardava que o laureado volvesse a Safira.

Lucien, por sua vez, afervorava-se no estudo, sonhando com o sacerdócio médico que desejava abraçar, enquanto se exercitava horas a fio no piano, para não perder o virtuosismo.

Em casa, porém, era quase um estranho. Amavam-no os familiares, ou melhor, aceitavam-no, com essa fria indiferença que se devota àqueles contra ou a favor dos quais nada se tem. Era tratado delicada e gentilmente. Nem excesso, nem demonstração mais vigorosa de carinho. A família se constituía de 12 pessoas: os pais, da mais alta sociedade local, e 10 filhos. Alguns deles exerciam expressivas posições na República, sendo homens de negócios, de leis, pessoas gradas. Lucien era o filho caçula. Diferia morfologicamente dos demais irmãos. Enquanto aqueles eram atléticos, este era delicado; os outros, de tez branca e cabelos claros; ele, moreno, de brilhantes olhos negros e cabeleira basta, escura, encaracolada, que se lhe transformava em moldura harmoniosa, no contorno do rosto anguloso. O fulgor da sua inteligência parecia não agradar aos pais, que sempre o admoestavam em razão do constante estudo, do contínuo labor artístico e cultural. O pai, acostumado à vida irregular e grotesca da falsa masculinidade, mais de uma vez concitara o filho a abandonar o que acreditava exagero e a permitir-se as contumazes leviandades com que os frívolos e ricos beneficiam os filhos e muitas vezes os desgraçam, na iniciação sexual degenerativa. Não sabem que a masculinidade está além da forma fisiológica e que o homem deve conduzir o sexo, nas suas múltiplas expressões e sensações, e não este àquele. O jovem, porém, amadurecido, talvez mais do que o genitor, sorria e continuava o seu mister, tranquilizando a insensata preocupação paterna.

Quando lhe surgiram os primeiros sintomas da enfermidade: dormência nos dedos, ligeiras inflamações nas articulações, despigmentação da face, em tom róseo muito claro, todos em casa supunham tratar-se de problema de pequeno porte. Consultados vários facultativos, os diagnósticos foram tranquilizadores.

Myrian, no entanto, sofria desconhecida angústia. À medida que a sintomatologia não definia o caso, ou não se pôde, por qualquer razão, diagnosticar o mal de Hansen, animou-o, assistindo-o moralmente, com a frequência possível ao seu alcance.

O duro golpe a todos surpreendeu, quando da diagnose cruel, enunciada com precipitação, na Estância Balneária em que se encontravam em busca de melhores resultados.

Todos voltaram a Safira como se houvessem sido vitimados por impiedoso couce animal, que os esfacelasse íntima e exteriormente. Myrian, todavia, imperturbável, apesar do sofrimento, continuara como se nada houvesse acontecido. D. Angelina, porém, a genitora do jovem, não podia esconder o asco que o filho lhe causava, e, de imediato, em chegando ao lar, isolou-o em cômodo afastado, no quintal, onde se atiravam os móveis velhos: o quarto de guardados, como vulgarmente se chamam tais acomodações... O filho era um *guardado* a mais, desagradável e asqueroso...

Lucien foi levado ao setor de Saúde Pública encarregado da lepra e teve permissão para permanecer em casa por algum tempo, enquanto se lhe aplicavam os primeiros medicamentos. A interferência paterna também tomou providências, de modo a evitar-se um escândalo mediante o qual o nome da família pudesse ficar manchado.

Sim, havia aflição em casa, mas não pelo paciente, e sim por causa da enfermidade que o vitimava; não por piedade pelo sofredor, antes pela vaidade ferida; não pelo desejo ou pela natural preocupação de ajudar, porém pelo descoroçoamento ante o que chamavam de infortúnio.

Louca Humanidade! Mesmo Jesus sofrendo inenarráveis padecimentos, não aprende, nem mesmo sob o jugo da cruz, que coloca espontaneamente sobre o corpo e a alma, nos avatares reencarnacionistas!... Dia virá, porém, dia chegará em que todos despertarão para a luz, alforriando-se definitivamente dos ergástulos da treva e livrando-se da espada de Dâmocles, sempre erguida sobre a cabeça de cada um e prestes a desferir o golpe fatal...

O jovem, não preparado para essa realidade, que lhe era superior às forças, mergulhou em silencioso desespero, passando a desequilíbrio psíquico compreensível.

Na memória, repetia-se-lhe, como um libelo, a frase impiedosa do dermatologista: "Esse rapaz tem lepra!"

A palavra "lepra", essa malsinante sentença de destruição, não lhe saía do cérebro. Escutava-a, sem cessar. Hebetando-se pouco a pouco, fez-se necessário interná-lo em Casa de Saúde especializada.

Myrian ofereceu-se a assisti-lo, no corredor sombrio da loucura. Internou-se, também, a pretexto de fazer um longo repouso, de que se dizia necessitada, e, a expensas próprias, ofereceu ao jovem o carinho da esperança e a luz da compreensão, chamando-o a sair do estreito caminho em que se deixava emparedar.

Os milagres do amor fraterno! Auxiliada por dedicado psiquiatra, que recomendara sonoterapia ao jovem, a fim de fazê-lo repousar e renovar-se, esperou, paciente, que o organismo debilitado fizesse sua parte e, nesses interstícios, aplicava-lhe passes, no silêncio das horas noturnas, orando e vitalizando-o com o magnetismo salutar das forças de seu espírito de zeladora do Bem.

Após o primeiro período sonoterápico, Lucien despertou com melhor aparência, menos alquebrado moralmente, e Myrian acudiu-o com as palavras consoladoras do Evangelho, lembrando-lhe que ninguém tem o direito de recusar a própria cruz. Certamente fora ele quem solicitara o resgate doloroso, quando ainda no mundo espiritual, a fim de mais rapidamente ascender na direção da paz.

A palavra balsâmica, constante e persuasiva, acabou por levantar-lhe o ânimo e prepará-lo para as provações que, a partir de então, adviriam, inevitáveis.

Dois meses depois, Lucien recebeu alta e, com ela, a benfeitora dedicada.

— Nunca esperes amigos neste mundo — dissera-lhe a amiga fiel. — Os amigos, na Terra, estão quase sempre interessados na mesa farta da ilusão e no palco dos sonhos. Quase nunca conseguem compreender, infelizmente, o significado verdadeiro da amizade. Anestesiados pelo engano, jornadeiam entorpecidos nos centros elevados do sentimento puro. Não têm culpa. São infantes nas experiências superiores da vida. Encontrarás, todavia, alguns espíritos amigos que valerão mais que qualquer multidão. Ser-te-ão claridade na noite sem estrelas e presença discreta na soledade mais fria; falarão a linguagem da bondade silenciosa e saberão apagar-se, discretos, a fim de que fulgures, não obstante o envoltório de pesados crepes que te ocultem... Valerão o tesouro da alegria pura e serão os mensageiros de Deus. Aparecerão aqui ou ali, em casa ou fora dela. Virão, sim, pois são os representantes do Pai, nos ínvios caminhos da Terra. Talvez não tenham aparência que impressione positivamente, ou não saibam falar as línguas elegantes da hipocrisia; é bem provável que não se façam identificar com festas, nem se credenciem a salvadores.

Semelhantes a sutil aroma, impregnam os corações com sua doce presença. Nem a morte os afasta. Agora, abre os olhos e desdobra o entendimento para encontrá-los. Fica atento, a fim de que não passem pela porta da tua alma e sigam adiante sem que os recebas e os honres!

Recordando, Lucien revivia. Tinha os olhos túmidos de lágrimas, que escorriam lentas, lenificadoras.

— Sim, acudiu-lhe à mente, Myrian era o biótipo perfeito do amigo, conforme ela própria o definira. Agora que ele caminhava pela "selva escura", podia valorizar melhor a benfeitora, que, aliás, sempre reconhecera como anjo tutelar do seu caminho. Enquanto era colorido o céu das suas aspirações, no tempo em que sorrisos infantis lampejavam no seu coração, podia permitir-se passar menos atento pelas amizades nobres... Agora, porém, o tempo lhe parecia breve, e as horas muito preciosas para serem desperdiçadas.

Sentia, porém, necessidade imperiosa de recordar todo o caminho que percorrera até a chegada ali. Vinham-lhe ao pensamento os lances contínuos que o passado sepultara, mas que não conseguira aniquilar.

Quando voltaram do Sanatório Psiquiátrico, ele e Myrian, a genitora recebera-os glacialmente. Sem rebuços, interrogou:

— Por que você não foi diretamente da Casa de Saúde para o leprosário? Que veio fazer em casa? Humilhar-nos mais? Deseja que a polícia o encontre na rua e o atire no leprosário daqui mesmo? Ou, por acaso, não se conscientizou de que é um...

A palavra parecia pesar-lhe muito nos lábios coloridos.

— Mas mamãe! — balbuciou o paciente.

— A partir de hoje, não sou mais sua mãe! — retrucou secamente. — Não posso compreender como do meu ventre saiu um... um... infeliz como você. Temo que tudo seja alucinação e que eu esteja sonhando. Por Deus, não posso ser eu

a sua mãe! Olhe-me, compare-se com seus irmãos... Donde veio para tanto nos fazer sofrer?!
— Céus! Mamãe, eu deliro?! Não tenho culpa! — falou, quase sem forças, Lucien, muito pálido, apoiado ao ombro de Myrian, que se fez muda de espanto, permanecendo paralisada, ao impacto da surpresa trágica. — Não sou o autor da doença. Você sabe que nunca saí de casa, sequer para dormir fora, exceto quando fui à Europa, onde a lepra é rara... Nem sequer tive vida!... (Referia-se às dissoluções a que o pai o estimulava, na demência da ignorância em que se comprazia.) Estou tão cansado, mamãe! Meu Deus, eu que esperava tanto!
— Entre pela porta do lado e vá para o seu quarto — concluiu duramente. — Se sair de lá e deixar que o vejam, nem sei do que serei capaz. Desta casa só se afastará para onde deve ficar...
— Dona Angelina — conseguiu enunciar Myrian, a custo —, se a senhora não quer recebê-lo, eu o levarei para minha casa e...
— Cale-se, por favor! Ele não tem ninguém, senão a Saúde Pública, e eu não permitirei que *estranhos* (a palavra foi pronunciada com sarcasmo e azedume) interfiram no que a lei determina para esses casos. Aproveito a oportunidade para dizer-lhe, também, que não admitirei pieguismos de visitantes. Quem desejar agir assim, vá procurá-lo na Colônia para onde o pai e eu o enviaremos, logo que os papéis estejam regularizados, o que estamos conseguindo com a maior discrição. Nesse sentido, espero que a senhora corresponda à nossa confiança e saiba silenciar...
— Sim, é claro... — respondeu, atônita, Myrian que parecia fulminada.
Acometido por súbita vertigem, Lucien tombou sobre o tapete da sala.

Quando a amiga correu a socorrê-lo, a genitora exclamou histérica:

— Deixe-o! Nada de cenas na minha casa.

E voltando-se para o filho, sem sentidos, gritou, enlouquecida:

— Levante-se, miserável! Não me suje o tapete importado!

O vozerio chocante, à entrada da casa burguesa, fez acorrerem outros familiares e serviçais que, todavia, tomados de receio, não se dispuseram a qualquer iniciativa.

Myrian, decidida e valorosa, acercou-se do jovem tombado e o ergueu, acomodando-o em cadeira próxima. Logo depois, dona Angelina sentiu-lhe o olhar indefinível, sem cólera ou mágoa, mas cheio de uma infinita compaixão, a desenhar-se naquele rosto magro e decidido, próprio daqueles que souberam construir um senso superior de humanidade, a golpes de silêncios férreos e de ascético estoicismo!

A senhora mandou a servente buscar água e, quando esta a trouxe, maquinalmente entregou-a à outra que umedeceu os lábios trêmulos de Lucien, ajudou-o a sorver o líquido retemperador e depois o conduziu ao quarto dos fundos, onde ele se prostrou, de coração angustiado, penetrando o abismo da realidade...

Tudo agora lhe voltara à retina mental. Tudo isso foi há dez anos distantes, mas lhe parecia que foi ontem. Agora soluçava abundantemente no leito do hospital. Não se apercebera, no estado em que se encontrava, da chegada da dedicada enfermeira que se lhe fizera amiga no internato.

A jovem acorreu e abraçou-o com ternura, admoestando-o:

— Que é isso? Você não é espírita? Onde a sua fé? Vamos, acalme-se! Tenho boas notícias para você. Trouxe-lhe uma carta de Armando. Olhe-a!

O jovem pareceu despertar, e olhou, surpreso, a cooperadora da sua saúde que estava informada sobre a missiva que enviara ao amigo.

Um sorriso, misto de tristeza e alegria, abriu-lhe os lábios levemente arroxeados. Enxugou as lágrimas, sorveu o calmante que lhe foi apresentado, tomou o envelope nas mãos trêmulas e o reteve no coração ansioso.

Ao tocar a carta sentiu-se renovado. As energias que ali estavam impregnadas permearam-no, e ele começou a assimilá-las, experimentando desconhecido bem-estar a tomar-lhe o corpo e o espírito.

A fraternidade realiza milagres. O pensamento é o dínamo da vida: bom ou mau, culmina sempre por alcançar aquele que se lhe torna receptivo e a quem se dirige.

Tomado de emoção diferente e superior, Lucien começou a ler a resposta ansiosamente esperada, enquanto as palavras calorosas do amigo lhe iluminavam o espírito, reafirmando o conceito de amizade que lhe fora apresentado por Myrian.

5. A CONFERÊNCIA

À medida que Lucien absorvia as energias refazedoras que se desprendiam da carta, impregnada de ternura, que lhe enviara o amigo, renovava-se com os conceitos edificantes ali exarados. O lenitivo da palavra gentil, repassada de sinceridade, penetrava-o fundo. Voltava, assim, à ordem psíquica, superando os incessantes abalos morais que o vitimaram nos últimos dias.

Refletia ter sido feliz a atitude de escrever ao amigo de quem se apartara fazia quase ou mais de um decênio. Quantas vezes desejara escrever-lhe e, no entanto, não se encorajara a fazê-lo! Era como se tivesse de sorver o grande cálice de vinagre a sós, experimentando o azedo do sofrimento, até superar as forças constritoras das ambições juvenis.

Nunca duvidara da força da bondade. Conhecia de perto o ultraje do abandono, mas sabia da grandeza da afeição. Podia identificar facilmente a espontaneidade por detrás de um sorriso ou a hipocrisia na máscara com que se disfarça. Estava compensado! Renovar-se-ia e lutaria até o fim, agora que ampliava os horizontes da esperança, outra vez. A perspectiva de encontrar Armando, dentro em breve, produzia-lhe salutar refazimento físico e psíquico.

Logo que concluiu o tratamento a que se submetia no pós-operatório, e conseguiu adiamento da amputação de outras falanges do quarto pododátilo, dirigiu-se ao Centro Social da Colônia, para providenciar a competente licença que lhe facultaria afastar-se por alguns dias, de modo a estar em Opala no período em que Armando por ali estivesse, no ministério espiritista a que se dedicava.

Sem qualquer problema, conseguiu o documento hábil e aguardou.

Percebiam-se, no Hospital Psiquiátrico, no mister da Terapia Ocupacional com os companheiros aos quais ajudava, as modificações nele operadas. Renasceram-lhe a jovialidade, o entusiasmo, e voltara a cantar. Extravasava, desse modo, o potencial de júbilos de que se enriquecia o seu espírito. Ocorre que a esperança contribui fartamente para a renovação do entusiasmo, colaborando como fator psicoterápico de largo alcance.

Saber que o antigo amigo estaria de braços abertos a aguardá-lo, espicaçava-lhe a ansiedade.

Como estaria o companheiro de lutas? — interrogava-se. — Os anos, ao passarem, deixam os sulcos das experiências, nem sempre felizes, amargas muitas vezes, bem o sabia. As suas eram, porém, experiências muito duras. Quais as conquistas espirituais que o amigo conseguira? Acompanhava-lhe o labor a distância, por meio dos comentários desencontrados que lhe chegavam, pelo noticiário dos periódicos espiritistas e referências feitas por pessoas diversas; mas quanto estaria oferecendo, como ônus de dor, para o êxito da tarefa a que se dedicava? Ninguém passa ileso ao sofrimento pelos caminhos dos homens. Particularmente nas tarefas de destaque, aos que sobressaem, por esta ou aquela razão, nunca faltam as sendas espinhosas. Vivem sob a espada de Dâmocles, sofrendo-lhe a lâmina não poucas vezes. Aguardá-lo-ia, pois, com ansiedade crescente.

No dia aprazado, demandou Opala, conduzindo alta carga de emotividade e refertos depósitos de expectativa. Aquele abril parecia-lhe muito diferente dos que conhecera nos últimos anos. A estrada sorria, engalanada com as últimas flores do outono. Os eucaliptos, em alamedas perfumadas, exultavam em tons de verde que mudavam caprichosamente.

Chegando à capital, deteve-se no lar de devotada confreira, que lhe oferecia o tesouro da afeição desinteressada, e quando a noite chegou, coruscante de estrelas, num raro céu de Opala, em que a poluição parecera diminuída, atingiu o Templo Espírita, repleto, movimentado. Todos se acotovelavam sorridentes, ansiosos, aguardando o momento por que se esperava.

Mal pôde sopitar as emoções desencontradas que o visitaram quando viu Armando vencer com dificuldade o salão literalmente lotado, marchando entre gentis companheiros, na direção da mesa da presidência.

Sim, era ele! — refletiu. — Parecia que os anos não lhe pesaram. O mesmo jovial sorriso, algo marcado, com peculiaridades especiais, nos cantos dos lábios... Subitamente, descobriu a distância, no rosto do recém-chegado, os sinais do sofrimento que procurava disfarçar com delicadeza. Pensou: quantas lutas e dores travara o amigo?! Reencarnação é resgate imperioso, não obstante os que se creem livres dos impositivos de reajustamento à Lei.

O público recebeu o conferencista com exclamações de júbilo.

Do alto, sobre o estrado em que se postava a direção dos trabalhos e iluminado pelas lâmpadas fortes, tinha, no entanto, um ar cansado, embora brilhassem os olhos, acostumados aos horizontes da imortalidade...

Convidado à preparação do ambiente, harmonioso coral interpretou, com beleza inesquecível, páginas do repertório clássico da Humanidade.

As vibrações se tornavam cada vez mais poderosas, penetrantes, e embora o ambiente superlotado pesasse, havia suavidade em todos os semblantes, com a esperança sorrindo em todos os rostos.

Após a prece, enunciada com verdadeira unção, e passada a palavra a Armando, este se ergueu, tomou postura distinta e, com voz pausada a princípio, para logo depois encachoeirar-se, começou a peça oratória e doutrinária. Utilizava-se da história de uma grande vida para lecionar, pelo exemplo, a grandeza da fé. A melhor maneira de produzir emoções superiores é demonstrar a eloquência do que se pode fazer, quando se está tocado pela presença da verdade e se resolve avançar intimoratamente, vencendo todos os óbices que representam desafios aos combatentes.

Ante o silêncio generalizado, saudou a todos com a tradicional mensagem de Jesus:

"Paz seja convosco!", para logo prosseguir:

"Eram dois olhos! Penetrantes e luminescentes, pareciam duas estrelas no céu da face, fulgurando em plena sombra...

"Nunca os esqueceria, ou melhor, sempre brilhariam em seu caminho, parecendo apontar-lhe o rumo que deveria seguir, a qualquer custo.

"Estava em Cruzeiro do Sul, no bravio território do Acre. A veneranda floresta tremia, pouco a pouco, ante as armas com que um grupo, que ela dirigia, abria uma clareira. Ali, naquele remoto sítio, longe dos imensos e cultos centros urbanos, deveria iniciar nova obra, prosseguindo no ministério do socorro, a que se dedicava missionariamente.

"O ar pesado, sob o causticante sol tropical, fazia-lhe mal. Para ela, no entanto, todo sofrimento nada representava, quando tinha em vista socorrer os filhos adotivos do coração.

"Quando lá chegou, a notícia já se alastrara: 'Ali se construiria uma Casa para filhos de leprosos...'"

A palavra *leproso*, evocando a maldição que pesava milenarmente sobre os hansenianos, provocara viva discussão na imensa área, onde as superstições e o cangaço desencadeavam lamentáveis flagícios entre as pessoas menos esclarecidas.

"Num dos dias em que viera dirigir o trabalho, deparou com um grupo de homens mal-encarados, em cujas faces contraídas estavam traduzidos os propósitos nefastos de que se faziam portadores.

"— Quem dirige isto aqui? — perguntou aquele que parecia o chefe.

"— Sou eu — respondeu com simplicidade a jovem estoica.

"— Uma mulher?! — retrucou o interrogante.

"— E o senhor tem algo contra as mulheres? — respostou serena.

"— Bem!... — tartamudeou o estranho. — Ocorre que nós soubemos que aqui vão recolher leprosos, e não estamos dispostos a concordar com isso.

"— Mas o senhor está mal-informado — esclareceu tranquila.

"— Que, então, pretende a senhora fazer? — insistiu raivoso.

"— Um lar para os filhos sadios das pessoas contaminadas pela lepra — redarguiu.

"— Ora, minha senhora! — chasqueou irreverente. — Qual é a diferença? Filho de leproso é leproso também.

"— Desculpe-me — continuou segura de si — o senhor está muito mal-informado. A lepra não é enfermidade transmissível hereditariamente, nem de fácil ou rápido contágio. Resulta de uma larga convivência, da falta de higiene, da ausência de defesas orgânicas ao bacilo invasor...

"— Não me interessa isso! — cortou-lhe a palavra. — O que me interessa, e venho afirmar-lhe em nome de todos, é que aqui não será edificada coisa alguma dessa natureza. Não queremos. Isto basta!...

"— ?!

"— ...Estamos dispostos a qualquer atitude e não trepidaremos em tomar medidas e colocar a justiça em nossas mãos. Se homens não nos fazem medo, muito menos uma mulher... Uma mulher!...

"— Saiba o senhor — revidou, sem perder a serenidade — que também não tenho medo de mulheres, ou de homens, ou de qualquer outra coisa. O senhor não me assusta, e saiba que edificaremos aqui o Lar para as crianças sadias que descendem dos hansenianos.

"— Se a senhora construir — explodiu odiento —, eu juro por Deus que destruo tudo. O que for feito de dia, eu queimarei à noite...

"— E eu voltarei a reconstruir no dia imediato.

"— Veremos, veremos quem vencerá.

"— A verdade, meu amigo, o direito dos mais fracos, a presença de Deus.

"Aquela expressão: a *presença de Deus*, soou em tonalidade diferente. O bandido recuou alguns passos, atirou o chapéu de abas largas ao chão, e estrugiu espumando:

"— Mas aqui não há lepra! Que pretende a senhora? Irá trazer esses desgraçados para cá e empestar-nos a todos?

"— Novamente o senhor se equivoca, o que é verdadeiramente uma pena. Embora eu venha de longe, estou melhor esclarecida que o senhor.

"— Diga-me: onde há leprosos nesta região? Diga-me!

"Aquele era o instante mais grave da contenda. O sol dardejante fê-la recuar a um passado não longínquo, e então reviu psiquicamente os dois olhos fulgurantes, doridos, penetrando-a.

"Experimentou singular *presença espiritual* e falou:

"Venha comigo, traga algumas canoas, e em pouco tempo lhe mostrarei algumas dezenas de casebres, de miseráveis choças de leprosos, espalhadas pelas ribanceiras, onde pululam crianças, crianças sadias, ainda não contaminadas, que poderemos salvar com o auxílio de Deus.

"— Se for verdade — falou com voz débil pela emoção incontrolável, em que se misturavam a ira, a indecisão e o receio — não lhe criarei qualquer embaraço, e até... até a ajudarei... todos a ajudaremos.

"Ela mandou que os homens remassem, ora a favor, ora contra a correnteza, apontando para um lado ou para outro... Casos e casos de hansenianos em deplorável situação, na mesma extrema miséria física, moral e econômica, se multiplicavam. Entre eles, a floração da infância abandonada, sem possibilidades, já marcadas umas crianças, mas outras ainda não vencidas pelo cruel bacilo da destruição dos tecidos.

"Findo o prazo, ou melhor, antes de terminado, havia conseguido apontar expressivo número de lares em que a lepra se alojava.

"O homem não teve dúvidas: liberou-a, ajudando-a quanto pôde.

"— Deus meu! — confessou, depois, emocionada. — Como pude identificar as casas dos doentes, eu que nunca antes estivera aqui?

"E, muito comovida, aduziu:

"— Tenho certeza: foi Rosa, foram os olhos de Rosa Fernandes que me conduziram com segurança e acerto. Tenho certeza...

"Rosa! Os olhos de Rosa!"

O expositor fez uma pausa expressiva. O auditório, ansioso, esperava a continuação da narrativa.

Lucien, olhos brilhantes, emocionado, recordando as próprias aflições, respiração descompassada, fitou o amigo, aguardando. Que tema, aquele! — pensou.

"Era então muito jovem. Embora nascida na cidade de São Manuel, no próspero estado de São Paulo, ao ficar órfã de mãe foi morar com uma tia, no interior do Rio Grande do Sul, onde hauriu as consolações do Evangelho, conforme a interpretação metodista. Ali, habituada ao exame dos textos bíblicos e dos estudos evangélicos, se lhe desenvolveram os sentimentos de fraternidade e caridade, enflorescendo-se-lhe as disposições de servir.

"Normalmente, àquele tempo, passavam pelas herdades, vencidos pela miséria e perseguidos pela ignorância mascarada de impiedade, os magotes, as farândolas de padecentes da hanseníase, em desesperador estado de abandono, suplicando esmolas, caridade...

"Em inesquecível noite de primavera, contava então treze anos, acompanhou a tia que levava agasalhos, alimento e guloseimas para um grupo que deveria passar pela porteira da fazenda, na estrada ao longe...

"Fazia luar e a terra, abençoada, trescalava aroma campesino. Deteve-se na cancela da entrada, enquanto a tia colocou, a regular distância, a espórtula de comiseração para os sofredores.

"Foi quando os viu pela primeira vez: marchavam trôpegos, apoiando-se uns aos outros, claudicantes, embuçados, sombrios... Alguns cavalgavam, outros se apoiavam a bordões toscos... Havia crianças que choramingavam e vozes que clamavam lamentações e pragas.

"Desejou retirar-se rapidamente, para longe dali, mas algo a deteve. Viu-os atirarem-se sobre a oferenda, como chacais ferozes, disputando, ameaçadores, até as últimas sobras...

"Distanciada do grupo, esguia, velada, uma figura se detém, banhada pela luz prateada do luar. Silenciosa, podiam-se-lhe ver os olhos faiscantes, poderosos...

"— Titia! — chamou a jovenzinha. — Veja aqueles olhos!...

"A tia voltou-se na direção indicada, fitou o vulto, acercou-se-lhe, fascinada, e, sem sopitar a curiosidade, perguntou: — Você é Rosa?
"Houve um silêncio profundo.
"— Você é Rosa? Diga! É Rosa?
"Ora, Rosa Fernandes fora uma bela jovem, filha de vizinhos, que se tornara cobiçada donzela e a todos encantava. A menina aprendera a admirá-la, a amar-lhe a juventude esfuziante, a alegria comunicativa. Rosa encantava, mas não se comprometia com ninguém, não obstante a maledicência lhe adivinhasse mazelas e erros em todos os gestos... Repentinamente, correu a notícia de que Rosa suicidara-se... Encontraram vestes e calçados à margem do rio, atestando o seu desaparecimento, embora o corpo nunca houvesse sido encontrado. Não faltou mesmo quem alvitrasse: '— Afogou a própria vergonha nas águas lodosas! Este é o fim de quem procede mal...' E não mais se soube notícia da jovem inditosa.
"— Sim — respondeu soluçando —, sou Rosa...
"— Você não tentou o suicídio?
"— Não, seria covardia, e eu desejava viver! Quando vi que minhas carnes arroxeavam, abrindo-se em rosas pútridas e insensíveis que se generalizavam, procurei esconder o fato o quanto pude... Depois descobri, aterrada, que estava leprosa e desejei morrer. Isto não é pior do que a morte? Mas acalentei a esperança de que talvez algum remédio, algum dia... Eu era e ainda sou tão jovem!...
"Os soluços abafaram-lhe a voz. A senhora tentou dizer-lhe algo, sem o conseguir, porém.
"A moçoila acercou-se e fitou Rosa.
"Deixe-me ver seu rosto — pediu.
"Rosa afastou, com mão trêmula, o pano que lhe cobria a face, à guisa de imundo véu, e deixou ver um rosto

inesquecível, vencido pela ulceração, entumescido, deformado, onde dois olhos luminosos fulguravam.
"— Eunice! — exclamou a sombra atormentada — eis o que sou agora! Uma grande desgraçada!
"— Não, Rosa! Lembre-se de Jesus que curou tantos leprosos! Pense nele, pense...
"— Adeus! — respondeu. E seus olhos, banhados de pranto e de luar, pareciam maiores, mais brilhantes e mais tristes.
"Depois disso, se afastou, misturando-se às outras sombras atormentadas que desapareceram pela estrada.
"Nunca mais, em toda a vida, esqueceria Rosa, os olhos vivos de Rosa.
"Nas longínquas paragens de Cruzeiro do Sul, entre os rios Juruá e Moa, afluentes do Amazonas, a jovem senhora Eunice Weaver recordava..."
Muitos ouvintes, na comovida plateia, deixavam correr as lágrimas.
Armando contemplou o auditório e, naquele instante, como se estivesse sendo conduzido, encontrou os olhos brilhantes de Lucien. Jubiloso, Armando tomou novo alento e prosseguiu:
"Eunice Gabbi, como era chamada em solteira, após estudar em diversos educandários, inclusive no Colégio Piracicabano, diplomou-se na Escola Americana, de Buenos Aires, e na Escola de Serviço Social, na Carolina do Norte, Estados Unidos da América.
Quando, mais tarde, foi residir em Juiz de Fora, reencontrou o eminente missionário americano, Dr. Anderson Weaver, que então enviuvara, com ele consorciando-se logo depois. Era, então, o nobre mestre, reitor do distinto Instituto Grambery, daquela cidade.
"Foi mais do que um simples matrimônio: antes, um reencontro de espíritos mutuamente dedicados que se

reuniam para um sublime ministério de amor e solidariedade humana. Em seguida, o Dr. Weaver foi convidado, pela Universidade de Nova Iorque, a dirigir uma Universidade flutuante, a bordo de luxuoso transatlântico, que faria uma longa viagem, para melhor formação cultural dos seus alunos, em volta do mundo.

"Aceitando o honroso convite, partiu do Rio de Janeiro, acompanhado pela esposa, em inesquecível cruzeiro de cultura e amor. Por onde andaram, ela procurou conhecer de perto o problema da lepra, o que em relação a ele já se havia feito e o quanto restava por fazer. Estagiou em numerosos leprosários: nas Ilhas Sandwich, no Pacífico (inclusive em Molokai), no Egito, na China, no Japão, na Índia... Em todo lugar recolhia material de experiência para o ministério redentor a que iria entregar-se totalmente.

"De retorno ao Brasil, desenvolveu o programa que iniciara em Juiz de Fora, desde quando fundou, naquela cidade, a Sociedade de Assistência aos Lázaros e Defesa contra a Lepra. Utilizando-se de conhecimentos técnicos especializados, assistente social que era, e jornalista diplomada nos Estados Unidos, entregou-se ao trabalho com abnegação, criando no Rio de Janeiro uma nova sociedade, que se irradiaria posteriormente por todo o país, com o fim de ajudar hansenianos e seus descendentes no mundo inteiro.

"Sucede que dona Eunice Weaver se reencarnara com o objetivo sublime de ajudar os padecentes do mal de Hansen, recuperando o próprio passado e contribuindo eficazmente na construção do futuro.

"Esteve presente em memoráveis labores assistenciais, criando ou ajudando obras meritórias surgidas no Brasil, como verdadeira sacerdotisa da fraternidade. Exerceu funções relevantes e recebeu as mais expressivas homenagens terrenas com que uma mulher foi brindada no Continente Sul-Americano.

"Entregou-se, porém, em regime de dedicação integral, à Obra dos Preventórios para os descendentes sadios dos portadores da lepra. Convocando a sensibilidade feminina, levou a esperança a inúmeros lares e ofereceu a proteção da saúde a uma dezena de milhar de crianças que, se não fossem socorridas a tempo, possivelmente estariam sofrendo as purulências do terrível mal.

"Sofreu incompreensões e experimentou amarguras sem-nomes. Foi amada e vilipendiada. Cercaram-na de carinho amigos devotados, mas experimentou igualmente a inveja e a perseguição gratuita, até mesmo de beneficiários da sua abnegação. Nunca, porém, desanimou nem receou, e jamais facilitou aos maus a oportunidade de produzirem outros males. Corajosa e arrebatada, possuía fibra superior de caráter, lutando tenazmente na defesa dos seus 'filhos', enfrentando dificuldades compreensíveis e situações complexas. A calúnia perseguiu-a quanto pôde; a deslealdade de muitos a atraiçoou; a maledicência feriu-lhe constantemente os nobres sentimentos — mas ela sempre soube resistir às investidas da maldade humana, vencendo as tentações do cansaço, da enfermidade e do desânimo. Quando as dificuldades lhe pareciam sobre-humanas, refugiava-se na oração e nela se renovava. Vezes outras, aprofundava-se na palavra de vida do Evangelho e retornava lenida, confiante. Nunca lhe faltaram os auxílios da misericórdia do Senhor; em hora alguma lhe foi escasso o socorro do Céu.

"O Senhor sempre está poderoso ao lado daqueles que nele confiam e esperam."

A narração atingia o clímax. Cada ouvinte era naturalmente impelido a comparar-se à servidora do Bem, e a pensar em como poderia ficar de pé e soerguer o próximo, a fim de ser feliz na conjuntura evolutiva em que todos avançam pela existência indestrutível.

Utilizando-se das vibrações harmônicas ambientes, Espíritos generosos e benfeitores aplicavam passes vitalizadores e salutares em inúmeras pessoas que compunham o público embevecido. Recorrendo à sintonia natural que surgia, espontânea, contribuíam, desse modo, para que viciações mentais se abrandassem e velhos liames obsessivos se afrouxassem, ficando os resultados finais na dependência dos próprios pacientes então beneficiados.

O valor de uma exposição edificante é inestimável e não pode ser medido, ainda, por quantos se demoram na estrutura física. O mesmo ocorre com as construções mentais infelizes, destrutivas. Pensamento é força viva, que cada qual dirige de acordo com suas aptidões e desejos.

Ligeiramente pálido, Armando prosseguiu, numa entonação de voz que, bem modulada e conduzida, produzia múltiplos estados emocionais nos ouvintes, conforme as variações do tema e o seu conteúdo valioso:

"Nesse período, em que, apesar das dificuldades naturais, tudo eram felicidade e contínuas alegrias, a batalhadora foi colhida pela inesperada desencarnação do esposo, rompendo-se o elo de luz que lhe sustentava o equilíbrio no labor da consolação e da misericórdia. Na ausência humana do sempre solícito esposo, o desencanto que nasce na soledade do coração foi-lhe tomando as forças e ela se deixou intoxicar pelo cansaço, descoroçoando o ânimo. Simultaneamente, redobravam contra ela acusações injustas, perseguições gratuitas e sórdidas difamações, como se fora uma trama em que se conjugassem forças humanas e espirituais inferiores, para retirá-la da luta e prejudicar os beneficiários do seu heroico esforço...

"Amigos leais, que sempre os há, buscaram animá-la, confortando-a e encorajando-a para a luta, mas a ausência física do idolatrado companheiro pungia-a fundamente.

"Buscava o alento da palavra evangélica; no entanto, literalmente vinculada ao texto, nem sempre sabia extrair dessa divina fonte as esperanças que sustentam a vida e animam os sentimentos para a vitória sobre todas as dificuldades.

"A jornada a sós é muito mais difícil, e a rota, que parece fácil nos dias de ventura, se estreita e empedra aos olhos da amargura.

"Assim, embora continuasse a tarefa, ansiava pela ruptura dos liames carnais, no desejo íntimo de reencontrar o amor, nas plagas da Espiritualidade.

"Com os olhos pejados de lágrimas, a visão da alheia dor mais lhe aumentava a própria. Aqui, era o brado das mães que desejavam salvar os filhinhos recém-natos, mas que não gostariam de apartar-se deles nos primeiros dias, transformando-os em órfãos de pais vivos... Ali, era a luta por verbas sempre escassas e difíceis; adiante, os serviços administrativos fatigantes, as viagens contínuas e exaustivas... Transformada em *madona* da amargura, seguia semiembotada, quase indiferente. A alacridade dos filhos adotivos fazia-a evocar ainda mais o ausente-presente. Nesse comenos, visitando próspera cidade, a fim de levar diretrizes de segurança ao preventório sob sua responsabilidade, em colônia de hansenianos próxima, abnegada cooperadora, conhecendo-lhe a dor da separação, aguardou momento próprio, quando concluídas as tarefas, e disse-lhe:

"— Chorar os *mortos* é fazê-los sofrer. A morte, minha cara, não existe, pelo menos conforme a conceituam os materialistas e mesmo múltiplos matizes de religiosos... Morrer é renascer, volver o espírito à sua verdadeira pátria, que é a espiritual. Por que nos entregarmos ao desespero, ou ao desconsolo, se vivem os que supomos mortos?!

"— Bem o sei, bem o sei! — protestou, sem lograr vencer as lágrimas. É a ausência dele que me tortura, não é a dúvida quanto à sua sobrevivência. Sinto a falta da sua presença ao meu lado.

"— Eis o seu equívoco — obtemperou a amiga. — A ausência que lhe faz falta é a do corpo, pois o Espírito que ama não se aparta jamais dos que ficaram na retaguarda, quanto lhe permitem as possibilidades novas. E, logo podem, tentam a comunicação...

"— Não me diga que acredita em comunicações de Espíritos! — reptou surpresa.

"— Não apenas acredito — explicou gentil — como sou, também, médium, possuindo larga experiência pessoal sobre o assunto. Os desencarnados...

"— Não podem voltar — arrematou, tomando-lhe a palavra —, pois invocá-los é proibido pela *Bíblia*.

"Sem perturbar-se, a interlocutora, honestamente interessada em projetar luz, esclareceu:

"— Se você me permite, explicar-lhe-ei. Conheço a questão em profundidade, pois sou espiritista militante...

"— O Espiritismo, porém, é condenado — retorquiu.

"— Por quem?

"— Por Deus!

"— Você está muito enganada. Ouça-me, por favor: Deus é a Suprema Misericórdia, o Excelso Amor, e nada, ou a ninguém condena. Os homens, ao lhe atribuírem natureza humana, transferiram-lhe as próprias paixões, imaginando-o sujeito às limitações somente próprias de nossa condição. O Espiritismo é a Revelação espontânea dos Espíritos desencarnados, cujos ensinamentos Allan Kardec codificou, por determinação dos guias superiores da Terra. Seu objetivo é esclarecer e sustentar as criaturas, para que compreendam melhor as Leis Divinas da evolução e vençam os transes ásperos, as horas difíceis, os momentos amaríssimos a que todos estamos sujeitos, em razão de nossas imperfeições. É o Cristianismo Renascido que realiza a promessa de Jesus, de que voltaria ao convívio dos homens sofredores. É o próprio Consolador, incorpóreo, a expressar-se por meio das *Vozes do Céu,* anunciando a Nova Era do amor, da esperança e da paz. Moisés proibiu, sim, as evocações dos Espíritos, porque eram feitas abusivamente, fora de época e sem finalidade superior.

"Silenciou momentaneamente, como se articulasse vigorosa e lúcida argumentação, para logo asseverar:

"— Nas práticas espíritas orientadas segundo os ensinos de Kardec, os Espíritos se comunicam sem qualquer evocação individual e sempre nos convocam à meditação acerca das responsabilidades que nos dizem respeito, admoestando-nos com mansuetude, guiando-nos com sabedoria, irmanando-se a nós outros, graças à experiência que possuem, após terem vencido a jornada na densa organização corporal. Atestando a continuidade da vida, comprovam que a Justiça Divina não falha, a cada um concedendo o de que é merecedor, conforme se haja conduzido, enquanto na Terra. Reaparecem com as características da personalidade que lhes conhecemos, fazendo-se identificar à saciedade, de modo a nos tranquilizarmos e encorajarmos para os embates necessários. Não lhe peço que creia em mim. Espero, porém, que medite sobre o que lhe digo. É o Evangelho que nos traz exuberantes demonstrações da imortalidade e da comunicabilidade dos pseudomortos. Em toda a *Bíblia* há constantes notícias de comunicação entre os dois planos da vida: a física e a espiritual, expressando-se das mais variadas maneiras: visões, sonhos, profecias, obsessões, curas espirituais, bilocações, aparições, materializações, desmaterializações, interferências. Referida como um dom, pelo apóstolo Paulo, a mediunidade está sempre presente nas páginas do *Livro dos Livros*, como ponte de luz entre os homens encarnados e os Espíritos.

"— Parece-me incrível — disse, então, a Sra. Eunice Weaver fascinada e receosa — que você creia realmente em tudo isso!

"— Parece-lhe, apenas — tornou a esclarecida dialogadora —, mas é a verdade. Luz penetrante, a revelação da vida além-túmulo é incentivo e conforto para os que da Terra somente conhecem provações, lancinantes dores, limitações e amarguras, e uma bênção superior, para quantos dão amor ao próximo, sacrificando-se pelo bem geral e praticando a renúncia e a dedicação, como você faz. Por que não experimenta? É tão fácil! Aqui mesmo, a somente alguns quilômetros, poderíamos dirimir quaisquer dúvidas, como poderá verificar de *motu proprio*, nas *Metamorfoses*, I, 85, Ovídio começa o seu Canto, informando que '*os homini sublime dedit*', isto é: '*Ele* (o Senhor) *deu ao homem um semblante voltado para o céu*', querendo dizer que são do homem as possibilidades dos ideais superiores e sublimes, as aspirações maiores, a face voltada para as legítimas realidades espirituais. Por que, então, renegar essas realidades, refutando-as antes de experimentá-las? Se lhe aprouver, amanhã mesmo poderemos visitar venerável instituição espírita, onde moureja abnegado servidor da caridade, em contínuo apostolado mediúnico, e você tudo poderá aquilatar, examinar e conhecer, para depois opinar com segurança.

"— Aceito o desafio — redarguiu, sem titubeio. Vou testar pessoalmente os recursos do Espiritismo.

"— Louvado seja o Senhor! — aduziu a outra."

O orador, que comunicava os fatos sob sensível inspiração espiritual, de olhar incendido, porejando suor, parecia aureolado por fulgurante luz. Seu mentor espiritual controlava-lhe os centros cerebrais, para melhor filtragem mediúnica do conteúdo da mensagem, e os instrumentos da palavra, ajudando a rápida eliminação de toxinas e vitalizando-lhe o aparelho respiratório, para o feliz êxito do trabalho de evangelização.

O auditório, sinceramente interessado e impressionado, acompanhava atentamente o expositor que se conduzia sob segura e bem dirigida inspiração.

Lucien lembrava-se da missionária objeto da conferência. Vira-a reiteradas vezes na Colônia em que se hospedava. Sua figura, portadora de beleza particular, impressionava pela altivez sem presunção, pela decisão sem arrogância, e pela simplicidade repassada de nobreza. Admirava-a de longe, pois ela sempre estava cercada de auxiliares, e, nas breves horas em que visitava o hospital, não dispunha do tempo senão para os seus misteres. Ignorava, porém, quase todos os fatos ora trazidos ao seu conhecimento. Não pôde continuar as reflexões, pois a voz de Armando voltou-lhe aos ouvidos, chamando-o à conferência, então mais empolgante.

"No dia imediato, conforme concertaram, as duas senhoras demandaram o centro de atividades espiritistas. Acompanhadas pelo esposo da anfitriã e outro devotado amigo, foram vítimas de um imprevisto com uma das rodas do automóvel, o que produziu atraso na viagem, por mais de duas horas. Desapontados, chegaram ao seu destino quando as atividades já iam avançadas. A movimentação no local era expressiva. Oradores diversos, cada um por sua vez, expunham o tema sorteado para as explanações da noite, enquanto alguns médiuns laboravam psicograficamente na ampla mesa, em que se atulhavam livros, papéis, lápis... Tudo muito simples, desataviado, como fora a 'Casa do Caminho', onde Simão Pedro e os primeiros Apóstolos cultuavam a memória do Senhor.

"As horas passavam, modorrentas, não obstante algumas considerações mais felizes de alguns dos comentaristas em serviço. Passados alguns minutos da meia-noite, os trabalhos chegaram ao fim. Antes, porém, que as pessoas se dispersassem, um dos medianeiros se ergueu e, com voz pausada, em que se podiam sentir o cansaço e a bondade, anunciou ter, dentre as mensagens da noite, uma que se lhe afigurava de grande significação. Tratava-se de um esposo devotado que retornava para falar à querida companheira ali presente.

"A visitante levou a mão ao peito e sentiu que se tratava do seu amado. Mal pôde aguardar o esclarecimento que veio logo.

"— A mensagem é dirigida — continuou o psicógrafo — à Sra. Eunice, e vem com a assinatura de Weaver... Sugere-me o mentor espiritual que a leia em voz alta, se a destinatária não se opuser, considerando-se os ensinamentos de que se reveste o comunicado.

"Olhou em derredor. Ela se ergueu, levantou o braço e afirmou emocionada:

"— Por favor, pode lê-la, desde que se trata de ordem superior."

6. REENCONTROS FELIZES

"Houve uma grande expectativa no recinto ainda lotado, àquela hora do dia em começo. Sentiam-se no ar presenças espirituais benéficas.

"O médium, igualmente comovido, leu a dadivosa página, cujo conteúdo era mais ou menos o seguinte:
"Eunice, alma querida:
"Sustente-nos o Senhor em nossas lutas redentoras!
"Estou vivo! Ninguém morre! A morte é ilusão dos nossos débeis sentidos, e os humílimos códigos, com que pretendemos decifrar os desígnios divinos, não conseguem traduzir a magnitude das excelsas leis da vida.

"Não nos separamos, pois sendo a morte um novo nascimento faz com que os verdadeiros amores, longe de afrouxarem ante a realidade do despertar espiritual, ainda mais se estreitem, transformando-se em liames de incomparável beleza, promessas de ventura inefável. Aqui dealbam madrugadas de luz inexcedível e estuam os nobres sentimentos que sustentáramos na jornada vencida.

"Logo se desagregam os tecidos na lama do sepulcro, plaina o espírito liberto, se soube avançar nos cometimentos de elevação, sem as amarras coatoras da retaguarda.
"A princípio, tudo me pareceu fascinante, deslumbrador. Era uma esfera de sonho, um país de encantamento. Logo, porém, foram superadas as horas iniciais e vencida a ligeira turbação, atendido que fui por afeiçoados amigos que me houveram precedido, passei a compreender, discernir,

fixar-me, quase feliz, na realidade nova. Quase feliz, porque a lembrança da sua figura ausente fazia-me experimentar dorida falta. Adaptando-me, como alguém que se refaz de complexa e inadiável cirurgia, fui integrando-me na Comunidade em que estacionava. Esclarecido quanto às circunstâncias atuais, mantive-me, então, sereno, ligado ao nosso perene afeto.

"Percebi, todavia, quanto de dor lhe pesava sobre os ombros, como ônus de saudade e quase desespero. Povoou-se de amarguras o meu céu de esperanças e, tocado pelo amor inefável que acalentamos reciprocamente, comecei a experimentar, em mim mesmo, as interrogações da sua mente, contínuas, tormentosas, aflitivas... Impossibilitado de respondê-las todas, somente hoje posso fruir a ventura indizível de falar-lhe, já que a nímia deferência dos Espíritos eleitos nos concedeu esta venturosa oportunidade que nos dulcifica, lenificando as agonias que se demoravam agasalhadas em nossos sentimentos.

"Revejo-a em longo noivado, a menina do passado, a esposa de ontem, a alma da minha alma, para os caminhos do sem-fim, no infinito dos tempos e dos espaços...

"Não se afadigue mais sob a canga do desespero nem se intoxique com o gás letal da revolta interior, injustificável.

"Prosseguimos juntos no serviço redentor com o qual nos comprometemos. Os filhos do sofrimento são nossos irmãos do ontem tenebroso, a quem devemos assistência e carinho — nossa oportunidade ditosa de ser felizes! Os pequeninos colhidos pela singular orfandade, embora com pais vivos, são os herdeiros do nosso afeto profundo, competindo-nos ajustá-los às condições novas, empenhados, como nos encontramos, na realização dos nobres ideais da solidariedade e do amor, de que se fez modelo o Messias nazareno.

"Não desanime, nem se deixe desfalecer! *Hoje* é nossa hora ditosa, que nos não cabe desperdiçar.

"Voltaremos a estar juntos, no amanhã próximo, quando ficarem concluídos os empreendimentos, por enquanto ainda a meio de caminho.

"...Quando a vejo debruçada na janela da saudade, vertendo copioso pranto, interrogando aos Céus o porquê de me haver afastado transitoriamente, suas palavras me chegam como se fossem golpes de relho ou gotas de ácido, ferindo-me, inquietando-me. Quando possível, acerco-me de você e a envolvo em ternura, falando-lhe das estrelas no firmamento fulgurante, apesar da noite aparente que convida à reflexão... Você então se acalma, para logo retornar às mesmas indagações inquietadoras.

"Somente a oração tem-me ajudado a aguardar este precioso momento.

"Assim, peço-lhe que veja em cada sofredor do caminho o meu coração ansioso, os meus pés trôpegos, e faça a ele o que faria por mim. Afogue no amor ao semelhante a dor da saudade, multiplicando os seus celeiros de alegria interior e de esperança...

"Coragem! Continuemos com as mãos enlaçadas no serviço do Cristo.

"Exulto ao vê-la avançar, abnegada e cristã.

"Tudo quanto possuímos é empréstimo da vida. Demo-nos, portanto, mais e mais. Onde está o amor, aí se encontra nosso Pai, o Perene Doador.

"Os que não a compreendem esperam sua compreensão; aqueles que a afligem, inconscientemente supõem que você poderá desculpá-los. Não lhe cabe decepcioná-los: continue, intimorata, de ânimo robusto!...

"Dia virá em que os liames da carne se afrouxarão e o seu espírito, liberto da sombra e da ansiedade, volitará. Então, voltaremos a estreitar-nos, em paisagens de exuberante luz, na alegria do dever bem cumprido...

"Escoa-se-me o tempo. Havia tanto a dizer!...

"Amo-a, alma querida, como nunca!
"Esperando o momento do reencontro ditoso, envolve-a, na incessante ternura do coração, o seu de sempre,
Weaver."
"Seguiu-se um longo silêncio. O médium havia concluído a leitura da mensagem sob visível comoção. Os presentes, por seu turno, enxugavam discretas lágrimas. Era o milagre do amor que vencia a morte e voltava a entoar as canções da esperança, da vida e da verdade.

"Nesse momento, e ante a comoção geral, a veneranda senhora se ergueu e bradou: — 'Creio! Eu creio! É ele, o meu anjo tutelar, o sol dos meus dias, a estrela do meu amanhã. Creio, meu Deus! Eu creio!' O psicógrafo acercou-se dela e enlaçou-a em fraternal abraço, como se quisesse transfundir-lhe as energias necessárias ao desempenho do seu sublime apostolado de amor."

O orador voltou a fazer nova pausa tranquilizadora, enquanto o numeroso público absorvia a dulçorosa mensagem de amor. Tinha-se a impressão de que suaves vibrações esparziam-se no ambiente, saturando-o de fluidos superiores, sutis, balsamizantes... Dando acento diferente à entonação da voz, prosseguiu:

"Sua vida mudou, isto é, se renovou, com ampliação ainda maior dos serviços de abnegação e caridade. Nenhuma luta, nenhum ultraje encontrou guarida no seu devotado coração, a partir daquela hora. Abriu os braços aos 'filhos do Calvário' e marchou na direção do amanhã, acolitada pelas centenas de mulheres valorosas que ainda prosseguem na edificação do Santuário da Misericórdia entre os homens na Terra, inspiradas no seu imorredouro exemplo.

"Quando jovem, escrevera *A história maravilhosa da Vida* e *A vida de Florência Nightingale*, que a credenciariam à posição de destaque na literatura nacional. Foi, porém, o amor feito de renúncia pelos menos favorecidos que a credenciou às culminantes homenagens com que foi destacada. Representou o Brasil em contínuos Congressos Mundiais de Lepra, sediados em diversas capitais do mundo, e fundou diversas entidades relevantes. A sua obra máxima, porém, ao lado da redenção dos filhos dos lázaros, foi o exemplo de dignidade e elevação, no silêncio que se impôs, não revidando nenhum mal e ensinando pelo exemplo a caridade e o socorro, com o que a sua vida se tornou uma evangélica fulguração do bem atuante entre as criaturas.

"Sempre trabalhando, desencarnou aos 65 anos, como sempre vivera: dedicada ao próximo!

"Terminara de discutir compromissos com o Governador do Rio Grande do Sul e voltara feliz, na expectativa de melhores dias para aqueles a quem considerava os seus do coração, quando foi subitamente convocada ao retorno à Espiritualidade...

"Trazido seu corpo ao Rio de Janeiro, onde foi velado na Igreja Metodista e depois inumado, mesmo então poucos se aperceberam de que ele fora o agasalho de uma verdadeira heroína do amor e da caridade.

"Houve um grande silêncio, incompreensível silêncio em torno da sua viagem de volta ao mundo espiritual, pois que, naqueles dias, acontecimentos chocantes ligados à dissolução moral de personagens do *grand monde de l'art et cinéma* mereceram as primeiras páginas e manchetes sensacionais dos periódicos de maior relevo no país...

"Não ficou, porém, esquecida.

"Pouco depois apareceu-me — explodiu o orador — acompanhada pelo esposo querido.

"— Venho despedir-me — disse-me emocionada —, agradecer-lhe o carinho com que me distinguiu nestes últimos anos. Até breve, meu amigo!

"E, sorrindo, rumou na direção das esferas da bênção.

"Sim, amigos, nós a conhecêramos naqueles dias da sua indecisão, quando no trânsito para a Doutrina Espírita, e ficáramos amigos desde então.

"Recordando-a, a socorrer os descendentes hansenianos, lembro-me de nós outros, os que, sem saber, carregamos a lepra oculta nos tecidos da alma; do grande número dos que estão infectados pelo vírus da maldade e recusam a terapêutica do Evangelho Restaurado. Alguns enfermos resgatam o passado culposo nos leitos de aflição das colônias de leprosos, enquanto outros, supostamente sadios, mas que cultivam distonias e gravames, candidatam-se a sofrer mais tarde o mal que ora agasalham nas fibras sutis do psicossoma.

"Bem-aventurados aqueles que já podem expungir o mal de suas almas, com resignação e esperança! Para esses, os dias claros de sol logo voltarão, a alegria depressa reacenderá e a música dos sorrisos tornará muito em breve aos lábios restaurados.

"Resguardemo-nos, os que seguimos descuidados. Ouçamos as advertências da Doutrina Espírita, insculpindo no coração e na mente os conceitos libertadores com que Allan Kardec postulou e viveu as informações do mundo espiritual encarregado de clarificar a Humanidade."

O conferencista demorou-se por mais alguns minutos repassando, em feliz conclamação, diretrizes esclarecedoras para o pensamento e rotas de segurança para o homem da atual era tecnológica e eletrônica.

Ao terminar, recebeu o carinho dos circunstantes, em vívidas demonstrações de júbilo e abraços de sadio contentamento.

Por fim, Lucien acercou-se, claudicante, tímido, ansioso. Os dois amigos se atiraram aos braços um do outro, em demorado amplexo, como se desejassem recobrar todo o tempo que estiveram separados. Lágrimas abundantes lavaram-lhes as saudades, retemperando o solo das emoções para a sementeira das alegrias demoradas. Nenhuma palavra, nenhuma declaração.

Vencida a primeira etapa, canhestramente saíram caminhando na direção de formosa avenida de Opala, acompanhados por pequeno círculo de pessoas gradas.

Embora desejassem descerrar os véus da alma e falar demoradamente sobre muitas questões, o tempo transcorrido impunha delicada mudez, que somente com vagar seria vencida. Quando as pessoas se distanciam umas das outras, os reencontros se fazem com desconexos sentimentos. A distância concebem-se os novos perfis, estabelecem-se condicionamentos que a presença não raramente retifica, exigindo nova convivência para o necessário reajustamento.

— Você está muito bem! — quebrou, Armando, o silêncio incômodo. — Não mudou nada.

Ele sorriu, constrangido, e redarguiu:

— O mesmo ocorreu com você. Parece-me que os anos rejuvenescem-no, embora a expressão de maturidade da face jovia.

Armando tocou-lhe o ombro, como desejoso de manter maior aproximação. A verdade é que Lucien estava modificado. A mão esquerda trazia as marcas iniludíveis da limitação; o pé direito, embora calçado, não escondia a deformação; os lobos das orelhas estavam assinalados com manchas escuras e se apresentavam alongados. A face, porém, estava bem, mesmo com a expressão de cansaço que a dominava.

Autorizado pelos anfitriões do lar em que se hospedava, Armando convidou o amigo para uma conversação mais longa e ligeiro repasto, considerando a hora noturna que avançava. Sem delongas, partiram para distinto bairro e, instalados generosamente, deram curso, à margem dos demais, a evocações e confidências em que se misturavam expressões de dor e de esperança em relação ao futuro.

— A vida pesa-me, amigo — desabafou Lucien. — Tenho suportado o fardo da lepra com resignação, mas agora creio que não terei forças por mais tempo... (Os olhos estavam molhados de pranto.) Refugiando-me na prece e no trabalho, venho lenindo as angústias, apesar de nenhuma esperança de cura. Este é um mal incurável... Quando se revela é sempre tarde demais: deixa suas fundas marcas ou inutiliza as vítimas, irreversivelmente. Suportei o abandono da família, aguento as ulcerações e as dores, mas...

— Mas?...

— Não sobreviverei a essa solidão que me destrói, dilacerando-me sem cessar. Pessoas como eu, portadoras da hanseníase, quando sensíveis como no meu caso, sofrem o incitamento das sensações mais grosseiras e os tormentos do sexo, que irrompem vorazes, alucinantes.

Silenciou, como se remontasse aos idos anos, colecionando uma síntese de recordações doridas. Depois, prosseguiu:

— Sou um espírito sensível, muito sensível à beleza, e condenado ao monturo. Sei que o amor é sempre espiritual, para aqueles que aspiram às grandezas superiores. Mas não creio que o meu esteja entre as carnes em putrefação, pois a simples ideia produz-me náuseas. Não que eu seja contra a exteriorização do afeto, em qualquer situação ou circunstância. Falo de mim, das minhas necessidades e aspirações. Foram demoradas as noites de punição e fel. À medida que via o corpo desfazer-se, orava para não sobreviver ao apodrecimento dos tecidos... O meu calcanhar de aquiles é a vaidade, ainda... Por isso, creio que necessito muito da lepra, a fim de lapidar-me por largo período... É difícil reduzir emoções a palavras. Na impossibilidade de ser um *virtuose* do teclado, senti o espírito explodir de aspirações, e passei a escrever poemas. Publiquei, e logrou inesperado êxito, um livro: *Ideais... Florações da Angústia*. Em 3ª edição, no prazo de dois anos, é sucesso surpreendente, considerando que não existe público, entre nós, para ler poemas. A Editora o lançará em castelhano, no próximo mês. Outro se encontra concluído e penso seriamente escrever alguns excertos das minhas próprias experiências, como se fossem notas autobiográficas, chamando a atenção para os problemas espirituais do homem, essa perene vítima de si mesmo.

Lucien estava pálido. Tremia-lhe a voz. As frases eram enunciadas com dificuldade. Foi com esforço que deu curso à exposição dos problemas:

— Há três anos aproximadamente, nos piores dias do meu tratamento, encontrava-me acamado, quero dizer: recolhera-me a rigorosa terapia, mediante a qual se *expulsa* a doença sob altas cargas de promin e diazona — que, por seu turno, despedaçam o aparelho digestivo, especialmente o fígado —, quando a enfermaria foi visitada por um grupo de espiritistas chegados da capital. Encontrava-me tão indisposto que não me interessei em olhá-las, sequer. De pálpebras cerradas, mal-humorado, febril, perdia-me, como sempre, nas refregas do pensamento. Ao ouvir passos de alguém que se acercava, pretendi fingir que dormia, mas quando a pessoa estacou, repentinamente, senti-lhe o choque e ouvi as palavras irrefreadas que ela deixou escapar:

"— Lucien! Deus meu! É Lucien!

"Abri os olhos. 'Maldição!', pensei, era uma jovem da minha cidade, ora em visita ao leprocômio. Identifiquei-a sem dificuldade.

"— Lucien?! — disse ela. — Então, você está doente?!...

"Seu rosto estava esfogueado. Vendo-a, revi o meu passado, a minha juventude. Que fazer? Agitei-me sob os cobertores, passei a tremer, num incoercível descontrole. Pedi-lhe o favor de afastar-se. Ela, porém, não recuou.

"— Nada receie, Lucien.

"— Aqui eu sou Armando — retruquei subitamente encolerizado.

"— Não faz diferença — respondeu apiedada. "Desejei ficar só e pedi-lhe novamente que se fosse. Ela, pelo contrário, acercou-se ainda mais, e disse brandamente:

"— Acalme-se, Lucien. Eu estou em pior situação do que lhe pode parecer. Na visita a este hospital aprendendo a virtude da resignação, buscando forças. Também estive internada... num hospital psiquiátrico. Nada temos a temer um do outro: somos caminhantes da estrada dos que seguem sós. — E começou a chorar. — O Espiritismo é que está me salvando. Quem sabe, você me ajudará, com seu exemplo?!

"Pedi-lhe que chamasse a enfermeira e, quando esta chegou, solicitei um calmante. Não pude falar nada, quase nada...

"— Não o diga a ninguém, por favor — roguei-lhe apreensivo. — Não é por mim...

"— Compreendo, compreendo — contestou.

"Perdi a pouca paz que já havia conseguido.

"A partir daquele dia, ela passou a visitar-me todos os domingos. Sua vida de jovem estava também marcada por terríveis dores morais. Filha única, a mãe desejava viver--lhe a existência, tornando-se-lhe cruel perseguidora inconsciente. Não suportando por longo tempo o obsessivo cerco materno, perturbou-se e passou a ouvir vozes que a incitavam ao suicídio. Esmagada por múltiplos tormentos, tentou contra a vida, ingerindo numerosas drágeas de barbitúricos, em momento de desespero incontrolável. Socorrida a tempo, sobreviveu, mas mergulhou num estado deplorável, vencida por infelicidade pertinaz. Solicitou, então, à mãe um internamento psiquiátrico, esperando que, com isso, se lhe reajustassem as emoções, se lhe voltasse o autocontrole e a paz. Esteve por seis meses em tratamento de longo curso, que se repetiu por três anos sucessivos. Quando já era um bagaço humano, resolveu, de modo próprio, procurar o Espiritismo. Desde, porém, que saíra de Hermínia, onde morava, para estudar em Opala, que se afastara das preciosas lições do 'Consolador'. Retornava, portanto, em momento de aflição. Nas incomparáveis expressões da fé, sob a carinhosa assistência de amigos devotados e benfeitores abnegados, estava haurindo esperanças, entrando em franca recuperação. Participava agora de um grupo de visitadores hospitalares, frequentando esses redutos de dores coletivas, a fim de ajudar, ajudando-se. O auxílio à dor alheia funciona, de certo modo, como medicamento eficaz para a própria dor."

Armando permitia que Lucien falasse. O tempo era-lhe precioso demais. Não o interrompia. Deixava-o desencharcar, libertar-se de tudo que o martirizara naqueles largos anos. Assim, continuou:

— Melhorando-me e podendo caminhar, comecei a passear com Márcia, pelas ruas da Colônia, passando a aguardá-la, cada semana, com ansiedade crescente. Era o processo de transferência. Noutras palavras, mais verdadeiras: enamorei-me dela! Descobri, também, que ela me amava, mesmo estando eu leproso. Imagine o meu drama! Nunca falamos claramente. Será necessário fazê-lo, ante o sentimento do amor? E porque a tenho amado, é que não posso constrangê-la a permanecer comigo, pois não consigo admitir a possibilidade de realização desse sonho de amor. Tudo em mim são transferências para após a morte, para depois do corpo, para além do túmulo... Não suporto mais isso, meu amigo! Eis por que tenho tanta necessidade de você, de sua palavra, da sua ajuda!

Armando estava sensibilizado. Não era simples compaixão, mas profundo entendimento humano. Ele conhecia de perto a jornada por ínvios caminhos e o pesado silêncio das noites de solidão. Desde que a mediunidade o convocara à meditação, em torno dos magnos problemas da existência, e ele se dispusera a renúncias e sacrifícios, objetivando quitar os débitos pesados do pretérito, em experiência de dedicação exclusiva ao Divino Carpinteiro, podia falar com segurança em matéria de sofrimentos íntimos. Por longos anos procurara a alma afim da sua alma, vislumbrando além dos corpos, das formas, o espírito dulcificador para sustentar o seu, na maratona de redenção. Sabia-o, agora, que o não merecia. Certamente estava do *outro lado* aquele ser que é fonte de encorajamento, de resistência para as fraquezas, de segurança para as lutas; que é o pão que alimenta a vida, a linfa que refresca, o sol de eterno amor que tudo vitaliza. Sabia que ao lado de quase todos os grandes homens sempre houve mulheres santificadas na renúncia e no silêncio, para que eles crescessem; e que ao lado de quase todas as heroínas houve homens nobres, que respiravam o seu ar e se alimentavam das suas alegrias, ocultos, sofrendo até mesmo o ridículo, para que elas se exalçassem e engrandecessem a vida... Os caminhantes da solidão, no entanto, quase sempre pagaram maior preço, mais pesado tributo. Ouvindo o amigo, Armando ouvia-se a si mesmo, queixava-se ao próprio coração. Despertando, porém, da longa reflexão, enquanto o outro aguardava palavras de estímulo e encorajamento, aduziu, bondoso:

— Não pense em termos negativos a respeito do amanhã. Evite o amargor demorado do pessimismo. Se ela o ama...

— Mas não lhe desejo a desgraça que me trucida.

— Evidentemente! Não lhe cabe, porém, uma definição agora. O amor, em qualquer esfera de expressão, é bênção de Deus. Espere um pouco. Acalente a alma com a cantata

de paz do dia a dia, sem a preocupação da música do porvir.
Sempre é tempo para quem confia em Deus. Você já saltou a faixa mais difícil das conjunturas expiatórias a que está submetido, como eu próprio, como a maioria de nós, que descobrimos o Cristo no coração.
— Não lhe narrei tudo — explicou apressado.
— Faça-o, então.
— A genitora dela percebeu os nossos sentimentos e, para impossibilitá-la de visitar-me, ameaçou apresentar queixa contra mim, por estar perturbando sua filha, que já sofreu problemas psíquicos. Veio visitar-me a sós, e foi clara:
"— Ou você a dissuade dessa loucura de amar um leproso, ou eu tomarei providências para impedi-la de fazê-lo. E para isso, usarei de qualquer arma que me dê a vitória.
"— A senhora está equivocada! — elucidei.
"Ela sorriu, parecendo louca, e arengou, entre os dentes:
"— Veremos! Prefiro vê-la morta, a vê-la conviver com um leproso. Miserável!
"Como você vê, meu amigo, parece que será necessário que eu renuncie até ao ar de que me nutro! Se assim for, para que, por que viver?"
— Para contemplar o nascer do dia das perenes vitórias, de modo a conseguir o aval para a felicidade sem-termo; para penetrar na imortalidade sem sombra nem dor; para conhecer a ventura plena do Reino de Deus, ao lado dos amores que não foram fruídos entre as sombras da Terra...
— Não suportarei!
— Sim, suportará, porque todos possuímos mais forças e coragem do que supomos. As potencialidades do homem são dinamizadas na luta. Além disso, aprendemos com os Espíritos amigos que todas as dores e frustrações nos pertencem por aquisição do passado e delas podemos liberar-nos no presente ou no futuro. Loucamente pensamos em fuga. Para onde? Em que direção?

Estavam no jardim de inverno da casa ampla, em penumbra propícia às questões espirituais. Armando, inspirado, ergueu-se, abriu a janela, por onde entrou corrente de ar balsâmico, que soprava dos jardins circunjacentes, e, apontando as estrelas, arrematou:

— Exilados na Terra, não conseguimos entender as grandezas de nosso Pai. Naqueles ninhos de beleza, onde o espírito já superou as formas e os limites do cárcere pegajoso da carne, esplendem o amor e a vida. Por que pensar apenas nesta encarnação transitória, sem considerar as expressões do Infinito? Construamos, no barro da atual conjuntura e nas altas temperaturas do sofrimento purificador, o castelo indestrutível das venturas porvindouras. Tenhamos em mente que a *Eternidade é o tempo que é*: nem passado, nem futuro, insistindo, portanto, na perpétua elaboração do correto, do eticamente perfeito. As aflições de agora transformar-se-ão em tranquilidade para sempre, e o amor cantará sua balada definitiva, para os ouvidos da nossa ditosa alegria. Bom ânimo, amigo, e coragem, até o fim!

Sua voz tinha agora uma modulação musical. Lucien se ergueu, tomou a mão do amigo e disse, com emoção:

— Muito obrigado, meu dileto amigo!

A hospedeira de Armando veio buscá-los para o lanche, servido, àquela hora, aos amigos bulhentos que os aguardavam.

E os dois, de volta às luzes da sala e aos sorrisos do grupo alegre, ocultaram na aparência jovial os tesouros de dor que traziam consigo.

7. A PRIMEIRA NOITE NA COLÔNIA

No dia imediato, Armando e Lucien voltaram a encontrar-se. Os amigos programaram algumas horas em fazenda próxima a Opala, onde poderiam demorar-se, descontraídos, na conversação alongada de que tinham necessidade.

Os corações crucificados no sofrimento dispõem de forças para narrar serenamente os seus pesares e são capazes de adquirir asas de Ícaro, mas que não se dissolvem ao sol da vida, pois são constituídas e ligadas por substância enobrecida pela resignação. Quando encontram guarida noutros corações, valem-se deles para sublimar as dores longamente suportadas, como se assim retemperassem o aço da confiança, no fogo da solidariedade, da coragem e da fé. Em razão disso, os seus diálogos são mergulhos profundos de almas em busca de paz, por meio dos recursos da oração e do intercâmbio de ideias renovadoras, que sustentam e encorajam para o prosseguimento sem desânimo.

A sós, os amigos permaneceram em silenciosa tranquilidade. A manhã doirava-se com a mesma luz que nimbava o cabeço dos montículos verdejantes, a perder de vista, coroados pelo viçoso cafezal e pelo canavial imenso que se baloiçava ao vento agradável. Havia música no ar, semelhando bênçãos inarticuladas.

— Como desejei alguns momentos como estes! — exclamou Lucien que parecia despertar de demorado letargo. E seus olhos negros brilhavam, aljofrados de lágrimas.

— É a resposta de nosso Pai — considerou Armando — às nossas preces angustiadas, nos dias de pesadelo que vivemos.

— Acredito — propôs o interlocutor — que você também vem experimentando estranhas lutas, não?! Gostaria de ouvir também os lamentos do seu coração, embora saiba que seu caráter forte não estima queixar-se, preferindo cantar o otimismo e a esperança. Apesar disso, fale-me algo de você, a fim de que também eu me sinta à vontade para falar-lhe de mim...

— As dores — explicou o mensageiro — quem as não conhece? Passará, por acaso, alguém, na romagem física, sem lhe experimentar o acre paladar? Ela faz com que os santos se exaltem e os fracos se fortifiquem; é a forja dos que amam e a companheira dos que esposam mais altos ideais, dos que aspiram a mais amplos resultados... Sim, tenho sido convocado, diversas vezes, ao testemunho silencioso do sofrimento. A soledade tem-me acompanhado os passos e com ela aprendi a conhecer, por necessidade pessoal, o valor da meditação, o milagre da paciência, e, acima de tudo, a compreender que as criaturas são, por enquanto, o que conseguem tornar-se, não o que pretendem alcançar. Assim, reunindo as fracas forças e os fortes ideais, prossigo sem mágoas, avanço sem o peso desagradável dos destroços da ilusão, de que me vou libertando devagar...

— E especificamente? — interrogou.

— Valeria a pena ressuscitar amarguras? — respondeu. — Evocar o sofrimento que nos causam as experiências do caminho é como desenterrar cadáveres. Quem ama Jesus, não se deve deter nos pequenos acidentes que, olhados do topo da ascensão, perdem qualquer significado. Não foi essa a rota por onde Ele próprio peregrinou? Onde os seus amigos nos instantes mais graves? Por que esperarmos além do que lhe foi dado pelo mundo? Aplausos, sorrisos, você bem o sabe, são ilusões com que nos pretendemos enganar, nos círculos dos sofredores, que somos quase todos os homens, nas circunstâncias atuais. Não são as mesmas mãos que aplaudem e apedrejam, os mesmos lábios que osculam e desdenham, as mesmas vozes que louvam e caluniam?

— Sim, é verdade!

— Ultimamente — prosseguiu Armando — conheci de mais perto o azedume da provação redentora, em trajes de humilhação e agravo. Experimentei na face a bofetada de mãos antes amigas e a recusa de corações que outrora se disputavam agradar-me. Alfinetadas mordazes e cruéis feriram-me os sentimentos; o que havia de mais caro aos meus afetos foi ultrajado e escarnecido; e, de roldão com tudo isso, eu fui amarfanhado também... Na hora suprema recordei-me de Jesus e evoquei o que o Codificador escreveu, quando as dores se lhe fizeram mais fortes, recrudescendo sem cessar, embora o seu ânimo robusto no prosseguimento do trabalho com que o Senhor o honrava...[4] Houve, porém, um dia mais desesperador, em que as forças pareceram abandonar-me. Foi aquela uma dessas ocasiões em que a prece espontânea produz vigorosa ligação entre aquele que sofre e o seu Senhor. Não podendo conter as lágrimas, que estavam represadas na alma desde vários meses, em cujo decorrer não conseguira acalmar a dor, nem sequer pela bênção do pranto, apareceu-me o espírito de devotado benfeitor, que me dava a impressão de participar do meu calvário íntimo, como se estivesse ali com o propósito de confortar-me. Foi um momento tão sagrado, que não sopitei a aluvião das minhas

---

[4] *Obras Póstumas*, Segunda Parte, "Minha Missão", FEB.

necessidades, queixando-me, sem amargura, mas com imensa angústia do coração: "Por que, meu amigo? Por quê? Escuto o silêncio dos amigos espirituais, que nada me dizem, eles que são os mensageiros da esperança e da consolação. Por quê?" O enviado desencarnado fitou-me sem afetação e respondeu: "Porque o sofrimento foi abençoado pelo Mestre, no Jardim das Oliveiras, onde Ele próprio experimentou as mais rudes aflições, perdoando aos que o angustiavam; porque todo sofrimento é cobrança que a vida nos faz dos nossos débitos por erros e crimes passados. Se prossegues fiel, não necessitas de aplauso, e se já exercitas o amor, dispensas novas orientações. Entretanto, como nos pedes diretriz, outra não conhecemos senão aquela que está contida na Palavra de Vida: servir sempre, sem desfalecimento! Medita: houve uma fonte que desejou crescer e rogou ao Divino Doador forças para espalhar bênçãos em derredor. Foram-lhe então vitalizados os nascedouros e ela aumentou de volume, transbordando. Como as nascentes fossem poderosas, espraiou-se. Aqui encontrou seixos e ali pedrouços que lhe obstavam o avanço. Ante o óbice, reuniu forças, parou momentaneamente e, avolumando- -se, arrastou o empeço ou, na impossibilidade, o transpôs. Como continuasse sem deter-se, alcançou o mar e perdeu-se na grandiosidade do oceano que a acolheu... És, por teu turno, fonte generosa. Pretendias ajudar e crescer, a fim de servires melhor. Foram-te concedidos os recursos. Surgem, agora, os problemas, aparecem as dificuldades. Que fazer? Se pretendes o oceano da misericórdia divina, tu que dizes ter as nascentes do sentimento na bondade do Cristo, avança sem maldizer, nem reclamar, removendo impedimentos, quando possível, ou transpondo-os, se necessário, certo de que o nascedouro continuará manando sempre, fazendo-te crescer, se permaneceres na trilha e desejares prosseguir..."

Armando, que ouviu, emocionado, as palavras do benfeitor, disse então, emocionado:

— É o que estou tentando fazer: manter-me ligado ao Mestre Jesus e caminhar na direção do Pai... O mais ficará por conta da Vida que tudo resolve a tempo e com segurança. Cumpra cada um o seu dever e não olhe para trás. O Senhor é pai do justo, mas também o é do pecador infeliz, inditoso, facultando a ambos oportunidades redentoras. Assim, não tenho por que desanimar, nem por que evocar as sombras, quando tudo canta esperanças e produz luzes...

— Agradeço-lhe o estímulo — anuiu Lucien. — Ocorreu-me algo parecido. O meu primeiro dia na Colônia Damião de Veuster continua indescritível... Chegava de coração partido ao estranho mundo dos hansenianos. Conduzia comigo uma carta de apresentação. Ante a impossibilidade de ter onde ficar — já que o meu tratamento poderia ser feito externamente, em ambulatório —, porque fora expulso do lar, enquanto me detive em Opala escrevi ao Dr. Secretário de Saúde suplicando internamento e rogando que esse fosse na Colônia onde ainda me encontro. Tudo me parecia morto, e eu era, também, um cadáver que respirava, mas apodrecia. Após os indispensáveis registros na portaria, os exames e o preenchimento das fichas para o prontuário, fui conduzido à casa em que me hospedaria a princípio, até o momento de acamar-me para o tratamento intensivo. Eu era, então, como você recordará, muito jovem, sonhador, inexperiente. Não me posso queixar dos companheiros que me receberam... Agora os compreendo, passados todos estes anos. Ali, os que não forem dotados de fibra superior ou não possuírem dominadora força de fé, enregelam o coração, amortecem o raciocínio e deixam morrer as melhores expressões da compreensão humana. Quando os vi, vi-me no futuro. Eram homens marcados, alguns dolorosamente mutilados, com as expressões fisionômicas características, que me fizeram tremer. Olharam-me — assim pareceu-me naquele momento — quase com alegria. Era mais um que chegava, um corpo novo que se ia decompor. Se pudesse, recuaria, mas era tarde! A minha habitação, doravante, seria aquela, e no mesmo quarto eu deveria dividir o espaço com dois outros doentes, horrendamente marcados, mais velhos do que eu. Percebi, à medida que as horas se sucediam, o lugar em que me encontrava... Aqueles homens procediam de diversas camadas sociais. Os que me constituiriam agora a família eram quase, senão totalmente analfabetos, de gostos e ideais muito primários, trazidos dos locais onde viviam. A conversação, o ambiente, o forte odor dos medicamentos e o das ulcerações misturavam-se... Não, não se pode narrar a marcha pelo caminho do Averno, em noite escura, a quem não transitou por senda semelhante...

Lucien, embora desejoso de expor ao amigo toda a tragédia da sua vida, estava lívido. Tremiam-lhe as mãos e suava copiosamente.

— Se você não desejar evocar — interferiu, gentilmente, Armando — não há por que fazê-lo.

— Desejo sim, pretendo contar-lhe a minha experiência — retrucou.

E após algum silêncio, como a coordenar as ideias, deu curso à narração:

— Se o dia fora de densa noite para mim, que me atirei à cama, tentando ordenar os pensamentos e acreditar no que me acontecia, a noite foi-me hediondo pesadelo, que jamais poderei esquecer. Quando o silêncio caiu sobre a Colônia, e comecei a sofrer, no quarto abafado, o ressonar resfolegante dos indiferentes partícipes da minha desgraça, pensei que estava novamente a enlouquecer. Não me encontrava de todo recuperado do problema psíquico que me adveio, quando da notícia... O tratamento psiquiátrico fizera-me inusitado bem, e só não o concluí porque a hanseníase avançava a largos passos e se fazia mister deter-lhe a marcha, o que me levou ao desesperado internamento. A mente turbilhonada, a garganta estraçalhada por construção desconhecida, e o medo. Ah! O medo! Felizes aqueles que lhe não caíram nas malhas! O medo é algoz impenitente que destrói, seguro de si, estilhaçando tudo, tudo transformando em maior razão de pavor: pequenos ruídos semelham trovões, o cicio do vento parece voz de fantasma, a própria respiração soa como estertor de gigante, prestes a desferir golpe fatal. O medo, meu amigo, naquela primeira noite, conduziu-me aos dédalos da loucura, uma intérmina loucura que se não me apaga totalmente da lembrança. Tentei orar, repetindo, em gritos íntimos de dor, as rogativas ao Senhor, quase inutilmente, conforme me parecia. Exausto, voltei a inquirir: por quê? Por que estava eu ali? Que fizera para merecer tão severo castigo? Onde a Justiça de Deus, onde? A minha vida não era toda uma lição de esperança e um canto de beleza? Por que, então? As lágrimas, o desespero surdo que me impedia de gritar, a fim de não atrair a cólera estranha, a terrível soledade! Entreguei-me aos paroxismos da dor. Não sei quanto tempo durou essa situação. Tive então, repentinamente, nítida visão de nobre dama desencarnada, de meia-idade, acercando-se de mim, luminescente e sorrindo generosa, que me disse: "Não temas! Saberás o porquê. Agradece ao Pai e confia. Vem comigo." Desfaleci e sonhei...

※

Por meio da *magia do sonho*, Lucien fora conduzido à esfera espiritual onde se encontram registrados os acontecimentos das existências transatas, e ali, sob a assistência da abnegada mentora, tomou conhecimento do passado, das ações e dos problemas que engendraram a atual conjuntura carnal.

Os últimos dias do século XV, tumultuados e agressivos, surgiram-lhe assinalados pelas glórias das conquistas efêmeras do poder transitório e pelo orgulho das castas nobres, entre sedas farfalhantes e traições inomináveis. Roma, voluptuosa e dominadora, influía nos estados da Península Itálica, beligerantes entre si, sofrendo, por sua vez, a dominação dos Borgia. Alexandre VI era Papa desde o domingo 16 de agosto de 1492, e com ele as dinastias da degradação aceleravam sua carreira desenfreada de usurpações. O século XVI, em face da inquietação religiosa que já produzia mártires em toda a Europa Central, abria as portas à Reforma de Lutero, Zwínglio, Calvino e John Knox, fazendo o Protestantismo espraiar-se como chama devoradora, primeiramente pela Alemanha e Suíça, e posteriormente por quase toda a Europa, entre massacres sangrentos e perseguições políticas, em cuja tessitura se utilizava a fé claudicante, de um lado, e o fanatismo apaixonado, do outro, para esgrimir as armas mortíferas da governança criminosa... E enquanto o Renascimento vestia as nações de novas belezas, na Arte e na Literatura, a Contrarreforma tentava revitalizar o poderio político da decadente Igreja Romana, sob cujas flâmulas reluzentes perpetraram-se crimes inomináveis, em nome daquele que é todo amor.

Naqueles dias de esplendor e hediondez, entre inquietações e turbulências, Lucien envergava a indumentária física, e fascinado pelos ouropéis com que a insensatez premia os ambiciosos, pôs-se entre César Borgia e o filho natural de Alfonso II de Nápoles, Alfonso de Aragão, a quem mais tarde trairia cobardemente, na desesperada ganância da posse. Engendrou então o infortúnio que agora sofre, no cativeiro do corpo ultrajado, que outrora desrespeitou impunemente por longos anos, entre truculências e alucinações.

Lucien narrava com segurança as cenas evocadas. Na sua personalidade sofrida se encontravam os sinais evidentes das insânias perpetradas. Não podia negá-lo: amava a beleza, o luxo, a arte! De gosto apurado, detestava a pobreza, rebelava-se ante a humilhação, e não poucas vezes, agora mesmo, descobria o temperamento fogoso, arrebatado, dominador...

— Reconheço — prosseguiu em débil tom de voz — que necessito, e por muito tempo, da hanseníase, para me acalmar interiormente. Quando entro numa casa confortável, poderia informar sobre a procedência dos tapetes, das peças de cristal e porcelana, dos móveis... O brocado me fascina. A entretecedura da seda e dos fios de prata e ouro, formando desenhos de flores e folhagens, produz em mim agradável sensação, mesmo agora, quando defronto fotografias e pinturas antigas ou toco, com mãos nervosas, o tecido nobre. O veludo exerce fascínio sobre meu temperamento... Muitas vezes, andando já a claudicar, tenho ligeira sensação das botas e das esporas que usava ou das peças da armadura metálica, embora eu sempre houvesse sido mais forte na intriga e na traição do que nos combates em campo aberto... Por isso, prossigo sofrendo as amarguras que a enfermidade me impõe, como reparação inevitável. Como são sábios os desígnios das Leis Soberanas!

Ouvindo-o, Armando comoveu-se, igualmente. Informado parcialmente quanto ao seu passado, nos agitados dias do segundo quartel do século XVII, na França atormentada pela guerra dos *Trinta Anos*, reconhecia que a Divina Misericórdia lhe concedia outras formas de sofrimento reparador, facultando-lhe reajustar os destroços das suas loucuras e intempestividades, ora renascidos em corpos miserandos, abandonados, à mercê da caridade pública, por quem intercedia na romagem de consolação a que se dedicava, em silêncio chorando e persistindo, trabalhando pela própria redenção e a das suas vítimas...

— Suprema e Augusta Justiça! Como padecem os que a ignoram! — bradou Armando, enxugando as lágrimas.

As horas passavam, evocativas, quando a anfitriã, Sra. Arminda, veio buscá-los para o almoço.

O dia estava morno, relativamente agradável, e os familiares em volta da mesa, com os dois convidados, assumiram iniciativa de alegrar os momentos que escorriam céleres.

Livro Segundo
Passado de sombras e gravames

1. SUCESSOS E DESDITAS PASSADOS

O ano de 1492 deixou poderosos sulcos na História. Enquanto a Renascença se implantava em Roma e lutas lamentáveis eram travadas entre os diversos reinos italianos e os Estados papais, a Europa não conseguia livrar-se das sangrentas e contínuas conjunturas bélicas que a infelicitavam.

No dia três de agosto, após as vitórias conseguidas nas guerras em que se empenharam, Fernando e Isabel, os reis católicos da Espanha, armaram a expedição chefiada por Cristóvão Colombo, que partiu do porto de Palos, com suas três caravelas, para buscar pelo Ocidente, o *breve* caminho marítimo para as Índias — o grande sonho de toda a Europa — mas que, aos primeiros dias de outubro, acabou por encontrar as terras do continente americano, alargando os horizontes geográficos do mundo...

Logo depois, a seis do mesmo mês de agosto, em Roma, reuniam-se em conclave os cardeais, a fim de elegerem o substituto de Inocêncio VIII ao trono papal, em tumultuados debates e negociatas, que terminaram em empate, no dia dez, logo decidido pelo cardeal Gherardo, que se supunha fora das faculdades mentais, graças à avançada idade de 96 anos, em favor de Rodrigo Borja que italianizou o nome para Borgia e nascera em Játiva, na Espanha, em 1431.

A fim de conseguir o trono papal, Rodrigo, que desempenhara por longos anos posições relevantes em diversas administrações na corte vaticana, prometera alta remuneração aos seus eleitores, como, aliás, era costume na época.

Assim, no Consistório do dia dez, o cardeal Rodrigo foi eleito Papa, escolhendo o nome de Alexandre VI, em homenagem ao genial combatente macedônio. Contava, então, 61 anos e iniciava uma época em que reuniria praticamente todos os Estados litigantes sob a proteção da Igreja, na Itália, por processos poucas vezes honrosos e quase sempre por meio de iníquas batalhas, ganhas por meio da intriga, da astúcia e do crime, de que se encarregava César, o filho que ele destacara para dirigir as inomináveis questões, do quartel-general, no Castelo de Santo Ângelo. A velha fortaleza se comunicava, então, com o Vaticano, por meio de um subterrâneo, facilitando muitas providências discretas, e valeria ao próprio Papa, como refúgio seguro, quando Carlos VIII entrou em Roma...

Como governante, o pontífice Alexandre VI fez-se notar pelas construções que fez executar, tanto em Roma como fora da cidade e pelo auxílio e proteção que dispensou às Artes. Pode-se considerá-lo verdadeiro benfeitor da Universidade de Roma, entre os muitos serviços prestados à cultura, em geral, que então florescia. O seu reinado, no entanto, foi todo assinalado por hediondos crimes, perpetrados por César e seus comparsas, que não trepidavam em assassinar e destruir, culminando pelo fratricídio contra Giovanni, duque de Gândia, cuja desgraça despedaçou o coração do Papa, que não mais olvidaria o filho vilmente traído e morto. Contava César, então, 22 anos, e era cardeal há quase um lustro, dedicando-se, logo depois, à carreira das armas, que o levaria a glórias contínuas e poder inigualável na Itália, como também à ruína e à prisão, com expulsão, posteriormente, para a Espanha, após a morte do Papa... Conseguindo a fuga, por meio da interferência da esposa junto ao irmão, o Rei de Navarra, viria a falecer, vítima de golpe mortal, em infamante batalha na qual foi abandonado pelos parcos combatentes mercenários pertencentes ao exército do cunhado.

※

Nos tumultuados dias de junho de 1498, quando foi assinado o contrato de casamento entre Alexandre VI e Frederico, Rei de Nápoles, para Lucrécia e D. Alfonso de Aragão, o jovem duque de Bisceglia, que então contava apenas 16 anos, se fez acompanhar de imponente séquito, a fim de viver em Roma. Naquele agitado período, Nápoles estava sob a mira do Rei da França, que ambicionava dominá-la, enquanto César partia com destino a este último país, objetivando encontrar uma noiva, em consonância com as negociações do Papa com o Rei. A fim de agradar ao Rei francês, Alexandre assinou uma lamentável aliança com Luís XII, concedendo-lhe divórcio e conseguindo para César o ducado de Valentinois, fazendo sentir, desse modo, ao herdeiro da coroa napolitana, que sua vida estava em constante perigo.

Os jovens nubentes, porém, conseguiram amar-se sem, no entanto, poderem fruir a felicidade que almejavam, graças às nefandas injunções políticas que os cercavam. Sua pequena corte se caracterizava por jovens audazes e sonhadores, amantes, igualmente, do prazer e das armas, como eles próprios, no período juvenil.

Dom Alfonso, que era filho bastardo de Alfonso II, possuía caráter forte e era patriota apaixonado. Afeiçoara-se por um gentil tocador de alaúde, cujas canções o acalmavam nas crises de cólera e nervosismo em que imergia com frequência.

Giuliano, o artista, procedia de Ferrara, tendo servido à Casa d'Este, e de onde se evadiu, a fim de libertar-se de sórdida paixão que por pouco não o fizera perecer...
Giuliano contava, então, 20 anos. Embora artista, possuía compleição robusta e descendia bastardamente do nobre clã do ducado de Reggio. Vivera confortavelmente a infância e a adolescência em suntuoso castelo nos arredores da cidade, onde desfrutava da convivência de pedagogos que o instruíam e lhe educavam o apurado gosto musical. Alto e louro, tinha olhos azuis, que o tornavam fascinante, traindo-lhe a ascendência... Esgrimia com facilidade e era acrobata hábil. Galante, vivia em aventuras burlescas, das quais fugia sempre que as complicações se tornavam mais graves. Amava a vida, a beleza, o prazer, a fortuna. Acompanhava D. Alfonso por afeição natural e pelos estipêndios generosos que recebia, a princípio de Frederico, seu protetor, e posteriormente, em Roma, do próprio duque, que o fizera merecer as simpatias da família Borgia, que passou a estimá-lo, franqueando-lhe acesso à sua intimidade.

A vida fascinante de Roma embriagava o jovem musicista. Os palácios faustosos, a constante pompa vaticana, as festas intermináveis proporcionadas por César à irmã e ao cunhado e ao Papa, dominavam inteiramente a alma do jovem e sequioso artista, que se empolgava e gozava até a exaustão.

Tudo acontecia em Roma. Os grandes negócios, como os crimes mais truculentos; a vida dos Estados e o destino de governantes ali se decidiam; as disputas artísticas e as conquistas de terras lá se consumavam. Embaixadores e diplomatas revezavam-se, tudo ocorrendo entre o Castelo de Santo Ângelo, cujas prisões estavam sempre abarrotadas de *traidores*, pessoas que poderiam incomodar os poderosos, e o Vaticano, em cujas dependências nababescas a aristocracia e a nobreza, os cardeais e os diplomatas, conversavam com meias palavras, disputando entre si as posições de mando, por meio das armas sutis da politicagem soez.

Diga-se de uma vez: Roma era um paraíso e um inferno, onde a imponência e a miséria se misturavam em quadros contraditórios. As águas do Tibre tingiam-se constantemente de sangue, e cadáveres apareciam com frequência em suas margens, ao amanhecer. Em Roma, o que "não se consumava pela manhã, fruindo de sorte, poderia acontecer à tarde, mas nunca deixava de dar-se à noite". A rapina, habilmente dissimulada nos altos postos da governança da Igreja, promovia o aprisionamento de cardeais e religiosos de alto porte, liberados sob régias multas; a usurpação e a ganância confraternizavam sem discrição, alardeando sórdidos triunfos obtidos entre as taças de vinho e os acepipes sobre os quais, muitas vezes, era colocado o tradicional *cantarella*, de terríveis consequências, cujo efeito lento provocava a morte em circunstâncias muito dolorosas.

Havia o fulgor do luxo e da ostentação, a competição da posse indignamente conseguida, os espetáculos soberbos e originais, o teatro, as festas intermináveis...

Giuliano passou a ser figura requisitada pelas mais destacadas personagens romanas. A generosidade de Lucrécia e a afeição do duque facultavam-lhe gozar as concessões da oportunidade, refertando-lhe a bolsa incessantemente ávida de moedas de ouro, para as dissipações e as venalidades em voga.

Corrompeu-se-lhe o caráter com o licor embriagante da devassidão. Os sentimentos de amizade foram substituídos pelo interesse e pelo despudor, pois a cornucópia da degradação contém mais baixezas do que se espera.

As conquistas de César e o seu porte altivo fascinavam a imaginação *do reggiano*. Muitas vezes fora atender ao dominador, tendo oportunidade de deleitá-lo e de agradá-lo com sua música e sua espada, pois também sabia usá-la com mestria. Quando o cardeal partiu, para negociar com Luís XII, Giuliano só não o seguiu, para não cair em desgraça aos olhos do amo, que já passava a detestar o cunhado, que, por circunstância pretérita, o odiava.

As peças malsinadas do jogo da política e da sordidez já se reuniam para os desfechos inesperados.

Compreendendo que o perigo a cercá-lo era crescente, o duque de Bisceglia abandonou Roma, não sem antes atritar-se vigorosamente com o pupilo que trouxera na condição de amigo e servidor. Giuliano, já então dominado pela opulência e pelas permissividades morais da cidade, resolveu ficar e ofereceu os seus serviços de espadachim e de instrumentista a César, que dele se utilizou conforme as circunstâncias.

Dom Alfonso, magoado, investiu contra Giuliano, numa das suas habituais crises nervosas, só não lhe tirando a vida, ou perdendo a própria, em razão da destreza do músico-guerreiro.

Começava então a história cármica de longo curso, que de certo modo renascia das cinzas de antigas loucuras adormecidas, que a engrenagem da reencarnação amortecera, a fim de facultar experiências novas na estesia musical, com que poderia conquistar méritos, iniciando o indispensável resgate na estrada da retidão, com vistas ao futuro redentor.

Os impulsos inferiores, no entanto, demoradamente estimulados, convertem-se em algozes da paz e senhores do homem, que somente a penosos esforços deles consegue libertar-se, quando se propõe, em definitivo, à elevação, pela senda do sacrifício e da renúncia.

A lamentável discussão e o infeliz abandono do benfeitor abririam a Giuliano as portas da alucinação, ativada pela ingratidão para com o amigo. Dir-se-á que eram comuns tais reações. Sem dúvida; no entanto, em todos os círculos da vida humana, em qualquer tempo, floresceram os elevados ideais do amor, e as virtudes jamais deixaram de recender os sutis aromas da honradez e da nobreza. Preciosa conquista, a amizade é o pólen do amor, a medrar onde quer que as flores do sentimento desabrochem na árvore generosa da dignidade humana. Quando, porém, se afrouxam os liames da fraternidade, periclitam os valores espirituais do ser.

Giuliano, desnorteado pela luxúria e embriagado pelos excessos, como se desejasse reter o que era incapaz de conservar nas trêmulas mãos da ansiedade, com os sentimentos elevados já entorpecidos, começou a descer desde que abandonou o benfeitor, quando este mais necessitava dele, aderindo ao triunfador do momento, quando este menos precisava de novos sequazes. Conjeturava que, de alguma sorte, o duque provinha do mesmo clã do seu primo-irmão, Afonso, de Ferrara, cuja família se notabilizava pelas crueldades, não maiores do que as perpetradas pelo próprio César, e de cujo ducado se evadira, ambicionando o que ora lhe chegava às mãos. É certo que lamentava o incidente com o jovem, a quem aprendera a estimar. Receava, porém, que a convivência ao lado da atraente Lucrécia, ou junto às suas damas de companhia, terminaria por criar-lhe embaraços ainda mais graves, considerando a lubricidade que o esfogueava incessantemente. Sentia-se vítima de si mesmo e não parava de reflexionar, esquecido de que a sofreguidão leva quem lhe sofre o cerco a esgotar suas últimas reservas de energia.

Assim, enquanto o jovem duque buscava segurança e refúgio em Genazzano, fugindo de Roma, Lucrécia era enviada pelo pai a Spoleto, nomeada Regente, a fim de diminuir-lhe o golpe sofrido com a deserção do marido e as ameaças do irmão.

Giuliano pouco a pouco se transformou em favorito de César, acompanhando-o nas lutas e animando as festas bizarras após cada vitória. Com os triunfos sucessivos alcançados pelo ex-cardeal Borgia, agora duque de Valentinois, contra os "inimigos da Igreja", os audaciosos romanhos, cujos domínios passaram a Estados Papais, sob a administração de Alexandre VI, o Castelo de Santo Ângelo excedia em gala a que teve em todos os períodos anteriores da sua longa história. Simultaneamente, os cárceres transbordavam de vítimas, habilmente colhidas pelas redes da espionagem e da intriga. Qualquer denúncia, na "corte espanhola" — como era apelidada pelos romanos —, merecia prêmio, e não obstante o apoio popular de que a Casa Borgia desfrutava nas terras conquistadas, o ódio dos cardeais aumentava progressivamente, enquanto as malas diplomáticas prosseguiam no nefando correio da hipocrisia e da dissimulação, ocultando muitos propósitos inferiores de embaixadores acreditados junto ao Vaticano.

A vitória nunca descansava a palma junto à armadura do triunfador, pois logo surgiam novos pretendentes ao poder, e o sangue voltava a jorrar, até nova pausa, preparatória de futuras batalhas...

Retornando de Spoleto, onde D. Alfonso se unira à esposa — os jovens duques, garantidos pelo Papa quanto à segurança de suas vidas, em face da aliança com os franceses —, o séquito da princesa estava enriquecido por belas moçoilas, cuja as famílias foram agraciadas com mercês pela Regente, que deixara marcas de generosidade e tato financeiro nos negócios públicos do feudo.

Recebidos regiamente no Castelo de Santo Ângelo, após o nascimento do filho, Rodrigo de Aragão, que deveria ser apresentado oficialmente à Corte, ao Papa e ao Colégio Cardinalício, Giuliano foi destacado para dirigir os músicos durante o banquete festivo. Solando, mais de uma vez excedeu-se a si próprio, em lânguidas melodias, embriagadoras e sensuais. O alaúde, magicamente tangido, conseguia fazer esquecer a crueza do inverno naquele dezembro, somente aquecido pelo fragor das incessantes lutas, nos diversos burgos italianos, e pelas fogueiras espalhadas pelas diversas áreas da suntuosa fortaleza.

Enquanto o vinho capitoso escorria abundante e as danças enleantes tentavam fazer os convivas de tudo esquecer, Giuliano sentiu-se estremecer ante a beleza deslumbradora de Grazia, a recente favorita da princesa. Morena e esguia, a cabeleira negra, basta e salpicada de pequenas gemas que fulguravam aos lampejos dos archotes, o colo quase à mostra, realçado pelo corpete de veludo a alongar-se em vestido de brocado reluzente, os lábios sensuais, olhos grandes e negros, emoldurados por cílios alongados, parecia uma *ragazza* caída dos céus e não tocada. Traía superioridade insopitada e apresentava ar arrebatado, parecendo portadora de temperamento apaixonado, com o que se tornava um fruto cobiçado para o músico atormentado.

Ao primeiro ensejo, numa pausa entre a longa refeição e o baile, Giuliano se acercou, maneiroso, e não pôde furtar--se ao deslumbramento.

— Deidade — falou arrebatado —, aqui tendes o servo apaixonado que deposita aos vossos pés a vida inútil... (Estava emocionado, quase impossibilitado de falar.)

— Para que desejo uma vida inútil? — respostou, zombeteira, a menina-mulher.

— Sois uma deusa descida à Terra ou um anjo corporificado em mulher?

— Nem deusa, nem anjo... Uma mulher que aspira ao paraíso, sem abandonar a Terra.

— Pois dizei o que desejais e eu vo-lo darei!
— Não possuís mais do que um alaúde e uma espada, se muito tendes. Que podeis ofertar a quem aspira a um diadema de princesa ou uma coroa de rainha?
— Lutarei para dar-vos a glória e transformar o vosso sonho em realidade...
— Então voltai após a luta, trazendo o triunfo, e intercederei junto à *principessa* Lucrécia, para que negocie nossas vidas em contrato de amor, já que, para mim, ela prepara precioso acordo com a Casa de Módena. Sede breve, portanto.
— Prefiro a morte a perder-vos.
— Arrematada loucura, pois nunca vos pertenci e não creio venha a pertencer-vos...

Risonha e frívola, Grazia deslizou, tornando ao grupo loução que cercava a senhora.

Giuliano, que já não possuía paz, perdeu então a alegria que supunha possuir.

Esforçando-se por continuar folgazão, no baile interminável, a recusa habilmente colocada por Grazia desnorteou-o. Acostumado à viciação, duvidava da honra de todos e, acicatado pela lubricidade, não compreendia por que domá-la. Ruminando ira e vaidade ferida, prometeu-se que a jovem haveria de pertencer-lhe a qualquer custo.

Dom Alfonso, que o detestava desde o dia da deserção, percebeu-lhe o interesse pela jovem da Úmbria e *sentiu* que a hora do desforço lhe chegava, promissora e desejada.

O ódio recalcado e o despeito vitalizado aguardavam o momento próprio de se transformarem na irrequieta faísca, fomentadora do incêndio voraz da vingança. Não pudera alcançá-lo ainda, considerando que César lhe dispensava particular predileção e se ufanava de havê-lo tomado ao cunhado. Todavia, resmungava, ninguém perde por esperar a hora própria, que agora lhe surgia, generosa. Alcançando o fâmulo, atingiria também o inalcançável senhor.

Grazia, por seu turno, não ficara indiferente aos encantos do musicista. Ambiciosa, esperava, todavia, um quinhão maior da vida, que o de permanecer como servidora de uma princesa, quando poderia sê-lo ela própria.

※

O amor era, então, condimento de secundária importância nos enlaces matrimoniais. O matrimônio, nas famílias nobres e dominadoras, tinha o objetivo de selar compromissos comerciais, facultando-se aos nubentes, por outro lado, a realização afetiva em caráter extraconjugal, de que resultavam filhos bastardos, em permanente competição com aqueles que as leis consideravam legítimos. A mulher não passava de objeto, de que se utilizava a família, e era muitas vezes colocada a serviço de interesses inconfessáveis. Selavam-se assim, esponsaliciamente, entendimentos entre nações, consolidavam-se fortunas e salvavam-se posições oscilantes nos jogos políticos e sociais. Não se inquiriam quais os anseios das pessoas, porquanto se apregoava que o amor sempre chegava depois, embora muitas vidas fossem destroçadas prematuramente.

Grazia, apesar de não se encontrar ainda maculada, não ignorava de todo os favores e *lucros* que as dissipações concedem aos seus apaniguados iludidos. Percebia que, embora D. Alfonso amasse a esposa, porquanto viviam em intérmino conúbio afetivo, em que o recato nem sempre estava presente, o ardente napolitano demonstrava curioso interesse pelos seus encantos, que sabia realçar com a perspicácia de quem acalenta a ambição. Obviamente, o duque lhe despertava cobiça, mas simultaneamente receava

Lucrécia que, de temperamento intempestivo, seria capaz de qualquer loucura a fim de reter a presa amada. Nesse jogo, pressentia o irromper de sofrimentos ignotos que a cercavam, asfixiando-a com mãos veludosas, imateriais, cuja constrição, porém, experimentava em crescendo.

Lucrécia e D. Alfonso residiam em privilegiado local, donde se podia ver a *Cidade Eterna* escorregando dos montes e espraiando-se entre os ciprestes verdes-escuro. O Palácio de Santa Maria *in* Pórtico era dotado de jardins e pátios internos, ricamente decorado com tapeçarias preciosas e vasos antigos, de rara beleza. No Vaticano, as paredes, com seus afrescos, recebiam naqueles dias restauração e criações novas de artistas consumados. Bernardo Betti, cognominado *Pinturicchio*, célebre pelo movimento da composição e pelo brilho das cores, decorara salas e pintara obras notáveis, que ficaram célebres nos apartamentos dos Borgia. Leonardo da Vinci se encontrava a serviço do Papa e a soldo de César, contribuindo com os seus engenhos para a "arte da guerra", que teriam facilitado ao duque de Valentinois importantes vitórias sobre os "inimigos do Papa e da Igreja". Protegendo as Artes, a literatura e a cultura em geral, Alexandre VI conseguira atrair a Roma artistas de várias procedências e de diversos ducados italianos que desejavam ter seus dotes financiados, de modo a se dedicarem ao culto da beleza e do prazer... A cidade se embelezava: o mármore era lavrado em oficinas espalhadas em muitos pontos, enquanto o *poder temporal* da Igreja ultrapassava o de muitos reis terrenos.

O Tibre preguiçoso, prateado, parecia observar silenciosamente o novo surto de grandeza que esplendia, enquanto dos charcos próximos os miasmas traziam a malária insidiosa e devastadora, em cada verão, dizimando a população romana...

No dia imediato à apresentação do príncipe Rodrigo de Aragão à nobreza e aos prelados, sob as bênçãos do Papa, D. Alfonso convocou Grazia ao seu gabinete particular e falou-lhe sem rebuços quanto ao cerco de que ela fora objeto, por parte de Giuliano. Censurou-lhe o comportamento, admoestando-a gravemente quanto à leviandade de acalentar quaisquer esperanças afetivas junto ao detestado *estrangeiro*. Sem ouvi-la sequer, não pôde dominar o próprio desequilíbrio, asseverando que ele e a senhora lhe reservavam regular dote, consorciando-a oportunamente com alguém que lhe pudesse valorizar a beleza e assegurar-lhe o futuro. Acometido por constantes crises nervosas, D. Alfonso, esfogueado, ante a jovem sedutora, que o fitava surpresa e sensual, tomou-a de inopino e confessou-lhe a paixão que desde algum tempo o senhoreava, parecendo agora arrebentar as amarras da contenção e da reserva, sufocando-a com carícias impudentes...

Já disse que a mulher era quase sempre alvo dos interesses subalternos do homem. Houve mesmo tempos e lugares em que os senhores tinham o direito de posse inicial sobre as suas súditas. Espicaçado pelo ciúme, ante a competição que parecia revoltá-lo, face à cobiça do moço musicista, não pôde refrear os sentimentos inferiores que lhe martelavam o espírito aturdido, e não fosse a habilidade e a destreza da jovem úmbria, ali mesmo a teria conspurcado.

Desvencilhando-se com astúcia dos braços envolventes, Grazia referiu-se à vingança dos Borgia, que lhe pesaria sobre a cabeça, caso se atrevesse a compartir com ele o leito da senhora, jurando fidelidade à Casa que servia e suplicando-lhe proteção, com indisfarçável habilidade, contra qualquer um que lhe ameaçasse a estabilidade moral, senão mediante o seu consentimento e o da sua ama, por meio de contrato nupcial... Informou-lhe que, embora o imenso respeito e a gratidão que nutria por ele, era também mulher, o que representava pesada cruz, afligindo-a manter os lábios cerrados e os ouvidos fechados àquela voz que lhe parecia música de esperança, vendo-se obrigada a acompanhar a felicidade de outra, renunciando ao prazer de abandonar-se às próprias emoções...

Olhos injetados, abrasado, o duque pareceu acalmar-se, segurou-lhe as mãos, acariciou-lhe a cabeleira basta e encostou-a ao tórax másculo.

— Se me amas — propôs então, ainda excitado —, que te impede declará-lo e ser feliz, se o sentimento é recíproco?! Além disso, quando nos surgir alguém em condições, contratarei o teu matrimônio e tudo estará regularizado.

— Temo, senhor! — redarguiu a jovem. — Respeito a senhora, que me destaca de forma especial. Não faltaria quem nos visse em recreio de prazer e a informasse. Não lhe suportaria o olhar, nem teria forças para suportar o relho, ou outro qualquer suplício físico. Não nasci para o sofrimento. Não tenho resistência. Anseio a posse, a vida cômoda e regalada que, possivelmente, nunca fruirei. O concubinato somente me serviria como trampolim para o triunfo, caso me rodeasse de força e tranquilidade.

— Eu lhe garantirei a paz — afirmou o precipitado Alfonso —, colocando-a a salvo de qualquer ultraje.

— Não ignora o meu amo — redarguiu, segura do próprio atrevimento — o poder dos Borgia. Mesmo que a senhora me perdoasse...

— Que aconteceria?

— O duque de Valentinois me alcançaria. (Falou propositadamente, a fim de atingi-lo no ponto vulnerável.)

— Duque de Valentinois! (Gargalhou, evidenciando emoções em desconserto.) Não me fale desse *marrano*! (A expressão depreciativa estava em voga em Roma, como forma de escarnecimento do Papa, e servia para designar os judeus conversos.) Ele foi "negociar" Nápoles com o nefando Rei de França, e disso se arrependerá muito cedo! Conseguiu o título de duque pela interferência indébita de Sua Santidade, que concedeu a anulação do casamento do malfadado gaulês. Se ele é poderoso, também o sou. Saberei, no momento próprio, realizar o desforço.

Grazia sabia ter alcançado o objetivo: desviar a conversa e libertar-se da sedução perigosa. Assim, estimulada pela insensatez do moço, voltou à carga:

— Mas fala-se que ele vos detesta.

— O sentimento é recíproco.

— E se ele vos atingir? Fala-se tanto em Roma! Incestos, bacanais especiais para as famílias...

Alfonso, que compreendeu a alusão a incestos, levantou-se e esbofeteou a jovem.

— Calúnia! Lucrécia é pura e ama-me!

— Ninguém duvida, senhor! Não me refiro à senhora — explicou-se, loquaz, percebendo o erro cometido por precipitação —, mas a outras famílias *vaticanas*, expoentes da Chancelaria e do Colégio... (Desatou a chorar.)

Dom Alfonso pediu-lhe perdão pelo golpe intempestivo. No íntimo, Grazia se agradou do calor daquele homem perigoso, descontrolado, capaz de amar e de matar, e deixou-se dominar pelo choro convulsivo.

Passados alguns momentos de enlevo, nos quais a calma se apossou de ambos, como se o instante selasse infeliz consórcio, D. Alfonso beijou-lhe a mão delicada e despediu-a, cortês, prometendo convocá-la oportunamente, enquanto tomava providências...

Grazia enxugou os olhos e saiu precipitadamente. Sentimentos desencontrados bailavam na sua alma: ânsia de poder e emoções variadas de amor, de desejo, de glória e de receio que se projetavam sobre o futuro.

2. AS LICENCIOSIDADES CAVAM SEPULTURAS

Giuliano, desde o encontro com Grazia, passara a experimentar tormentos ignotos, que o maceravam incessantemente, como se o triturasse demorada constrição.
Sucede que o preço da paixão é o desequilíbrio, tal como a recompensa do amor é a paz que vitaliza.
Acostumado às facécias da irresponsabilidade, não podia o jovem musicista arrebatado compreender que a Fortuna lhe negasse o cobiçado gozo, que sintetizava na posse da bela úmbria, esquiva quão perturbadora.
Por seu turno, a sedutora jovem experimentava crescente fascínio pelo garboso enamorado, no suceder dos dias, que lhe pesavam monótonos, enquanto sonhava quimeras.
Indubitavelmente, desejava fruir as concessões em voga; no entanto, desde o diálogo perigoso que mantivera com o duque de Bisceglia, transtornado pelo ciúme e queimado pelas chamas da ira, sofria a pressão de insopitável mal-estar, qual secreta sensação de desgraça prestes a ocorrer.
Sentia-se presa de desejos incontroláveis e, todavia, temia pela vida, sobre a qual pairavam estranhos presságios.
Era como se a espada de Dâmocles oscilasse sobre o seu destino, prestes a ceifá-lo.
É verdade que o amo mantinha concubinato com algumas levianas damas de companhia da *principessa*, que prosseguia apaixonada e sonhadora. Ela, porém, permitia-se anelar uma

posição especial. Reconhecia: era orgulhosa! Desde cedo cultivara e perseguira a miragem da grandeza, e uma concubina, por mais alto que subisse, sempre continuava presa de categoria inferior.

A chegada do neto enriquecera de incomparável felicidade o Papa, que demonstrava arroubos e emoções há anos sufocados, como se aquela criança lhe viesse preencher a lacuna decorrente do assassinato de que fora vítima Giovanni, duque de Gândia, o filho dileto do coração.

Lucrécia, por sua vez, exaltada pelo fluxo dos júbilos — pobre menina-mulher, joguete de ambições políticas e desmedidas paixões! —, não regateava concessões à corte frívola que a contemplava como ornamento da futilidade. As festas sucediam-se na intimidade da *Villa Borgia*, como numa tentativa de diminuir o rigor da quadra hibernal, coroando, em decorrência, a vaidade de César, com incessantes troféus, após a entrada triunfal em Roma, na condição relevante de conquistador de Milão e da quase invencível Romanha. O mundo Borgia ampliava fronteiras, enquanto a supremacia política da Igreja assegurava pelas armas o controle dos Estados pontifícios.

Alexandre VI podia, então, sonhar com a possibilidade de esmagar os canhões das fortalezas de Aragão, submetendo a orgulhosa Casa, ameaçada por Luís XII, que lhe era devedor de valioso serviço...

O tempo e os ventos sopravam, sem dúvida, favoravelmente ao Pontífice, assegurando para ele o trono de ouro e púrpura em que sentava por algum tempo.

No Castelo de Santo Ângelo, mal desaparecia o fumo dos canhões, saudando os triunfos de César, e as confissões obtidas por processos condenáveis arrancavam informações valiosas, extirpando, simultaneamente, a vida dos condenados. César voluteava, vencido pelo vapor da bajulação desmedida, odiado e respeitado, temido e agradado, porém jamais amado. Os vencedores de lutas ignominiosas podem transformar inimigos em cadáveres, nunca, porém, conseguem o afeto dos que choram seus mortos. Permanecem aureolados pela falsa admiração que a força lhes confere, mas não logram, por isso, nenhuma estima.

Em França, Carlota d'Albret não voltara a receber a visita do esposo, que sequer mandara buscá-la, a fim de que ela pudesse exercer a função de consorte, que Luís XII lhe destinara junto a César. O matrimônio não tivera outra finalidade senão a de selar negociações entre o sucessor de Carlos VIII, que necessitava do Papa para tornar a casar-se, e Alexandre VI, o chefe da Igreja dominante, que pretendia assegurar aliança com a França... Assim eram programados destinos.

Giuliano crescia na escada da afetividade do jovem guerreiro, distinguindo-se entre os vassalos submissos, subitamente guindado à honra de guarda pessoal de César, com intimidade e poder crescentes na sinistra fortaleza onde se articulavam tramas vergonhosas e constantes.

A tristeza, porém, abatia-o.

Impossibilitado de lograr acesso à residência daquele a quem desdenhara pouco antes e onde agora vivia a eleita, era como se o destino o castigasse, abrindo inacessível abismo entre ele e a ambicionada rapariga, ímã poderoso para a sua lubricidade juvenil.

Tentara subtrair-se à paixão que o consumia, mas a presença dominadora permanecia na sua tela mental como se fora insculpida a fogo.

Outras muitas mulheres abrasaram-no, mas sempre transitoriamente, sem que se afeiçoasse a nenhuma. Apaixonara-se mil vezes e todas as vezes olvidara o amor ou a amante que supunha ideal. Acreditava se tratasse de um capricho, face à dificuldade em possuir a sorrateira diva. Entrementes, razões mais profundas ligavam os dois destinos.

Não se encontravam por impositivo do acaso, nem aquele constituía um fortuito, primeiro acontecimento. Na roda das reencarnações passadas, encetaram tentames de união que fracassaram, engendrando desditas, produzindo rios de dor que teriam de ressarcir, retificar. Vinculados, deveriam galgar a montanha da redenção, calcando acúleos sob os pés, a fim de se librarem felizes, mais tarde. Naqueles dias, as circunstâncias e os seus temperamentos formavam um conjunto de condições contrárias a qualquer vitória.

Não obstante vivessem no Vaticano e participassem das pompas da religião, ignoravam a fé, desconheciam as províncias da oração e diferiam pouco dos *bárbaros*. Deus lhes era apresentado, ainda, como o "Senhor dos Exércitos", e eles faziam parte dos escolhidos para as grandezas da Terra, quase impossibilitados de ambicionar a tranquilidade da consciência, a vitória nos Céus...

Vitimado pelos óbices que se interpunham no caminho entre ele e Grazia, só por meio da intriga, em que pouco a pouco se tornara destro, conseguira penetrar nas complicadas artimanhas dos diplomatas acreditados junto a César e ao Papa, manipulando as engrenagens do suborno com a habilidade com que tangia o alaúde.

A música romântica saía-lhe, então, do instrumento, em linguagem de comovida emoção, e as canções que compunha, mesmo em homenagem ao amo, eram assinaladas pela melancolia que exaltava os sentimentos nem sempre elevados dos ouvintes, refletindo os seus próprios sentimentos.

Com astúcia invulgar, estimulado pela paixão, cada vez maior, em razão da improvável realização que anelava, conseguiu, mediante estratégia bem urdida, marcar encontro com a deusa, somente lobrigada a distância e sob o peso de abrasadora ansiedade.

Grazia, compreendendo a posição apetecível que desfrutava — amada e requestada como um animal disputado em jaula dourada —, recusou o convite intencionalmente, a fim de exacerbar ainda mais o ânimo do moço irrefreado, alegando impossibilidades irremovíveis. Sabia que as presas que lutam são mais valiosas. Recorria, assim, a esse expediente ardiloso.

Giuliano, não acostumado à derrota afetiva, sem maior recato, recorreu a César que, consciente das próprias forças, tranquilizou o pupilo ardente.

— Sim — asseverou, jovial e lasso, após uma noite orgíaca —, se necessário, solicitarei a Lucrécia, que nada me nega, a permissão para a boda ou, talvez, se desnecessária esta, a desvinculação da rapariga do seu cortejo, colocando-a aos meus cuidados e permanecendo acessível ao arrebatamento do seu prazer.

E riu, astuta, maliciosamente.

Hábeis, caprichosas mãos invisíveis entreteciam as malhas das teias envolventes, geratrizes das tragédias porvindouras.

Simultaneamente, as praças de guerra, espalhadas por toda a Itália, exigiam a presença de César em lugares variados, ora para esmagar pequenas e perigosas rebeliões, ora para ostentar a força da Igreja e o privilégio de que gozava, dominando os fracos e os vencidos. A paz dos que se enganam semelha-se à miragem que facilmente se dilui.

Com a primavera, Roma esplendia e os *palazzi* majestosos abriam suas portas à nobreza fútil, ao clero intrigante, à arte e à beleza, em festas contínuas e embriagadoras.

Na *Villa Borgia*, ocupada pelo Papa e sua corte, sucediam-se deslumbrantes recepções, enquanto murmúrios graves falavam de bacanais que culminavam em lances extraorgíacos, derivando para crimes hediondos para silenciar indesejáveis. Alexandre VI, sem embargo, embora a vida dissoluta que sustentava, mantinha-se como fiel protetor da concubina que foi mãe afetuosa dos filhos a quem tanto amava; Vanozza de Cataneis. É verdade que Vanozza fora por ele casada, primeiramente com Domenico d'Arignano (em 1474), depois com Jorge de Croce (em 1480) e finalmente com Carlos Canale (em 1486) e que Alexandre VI proporcionou-lhe, através do tempo, a posse de muitos haveres. Ela sobreviveu a três viuvezes e desencarnou no dia 26 de novembro de 1518, quinze anos após Rodrigo, tendo conseguido finalizar sua existência sob uma auréola de respeito e de virtude.

Apesar disso, aqueles eram dias apocalípticos. A organização social e o *status* vigentes mantinham a moral convencional independentemente da real, como, aliás, ainda hoje ocorre...

Os festivais coloridos, as inaugurações incessantes de monumentos e templos, o embelezamento e a restauração de santuários e o erguimento de *fontanas*, tornavam a cidade verdadeira capital da beleza, no mundo ocidental, que tinha os olhos voltados para a opulência e o luxo da sede do Cristianismo, embora o reino do Cristo houvesse sido destinado ao coração do homem, em trânsito pelo caminho que Ele percorrera entre o estábulo e a cruz...

※

Alfonso de Aragão detestava César, e o ódio era recíproco, bem se depreende. Este era temerário e forte, dominador e brutal, enquanto aquele, frágil e receoso, invejava o "senhor da Itália", vitorioso na política, na religião, no amor e seu possível competidor no leito conjugal. Mesmo amando Lucrécia, sabia que em Roma tudo podia acontecer.

A intriga, que sempre exerceu posição preponderante em todo lugar, era então vital, nas atividades das diversas *Casas* senhoriais do mundo. Ascensão e queda, traições e encargos, eram programados em leitos de licenciosidade venal e consumados entre beijos ou brindes. A noite silenciosa asfixiava muitas aspirações e o Tibre, particularmente, era leito sinuoso para os caídos em desgraça.

O que o valor hesitava realizar, a hipocrisia consumava; e o que a honradez recusava, a embriaguez dos sentidos conseguia entre carícias venais.

As ambições desmedidas, os desequilíbrios da emoção atormentada e os desregramentos morais constituíam fértil campo para que nele medrassem os recursos malsinadores da criminalidade, das nefastas negociações.

Transitavam, assim, informações cheias de malícia, tendenciosas, açuladoras dos ódios que fomentavam o clima de insegurança, culminando não raro em suicídios rumorosos, em crises de loucura e em homicídios deploráveis.

A aliança de César com Luís XII e a possibilidade de Roma abrir ao francês o caminho de Nápoles, a fim de que ele pudesse vencê-la por terra, sem ter de atacá-la por mar, aguçavam o ódio do esposo de Lucrécia, que assessorado por conselheiros pouco argutos, não sopitou os ímpetos de revolta que o consumiam, promovendo oposição declarada ao cunhado.

Ninguém conseguia desafiar impunemente o vingativo filho de Alexandre VI, mas a insensatez não sabe discernir e, desse modo, a precipitação de Alfonso vitimá-lo-ia a curto prazo.

A 15 de julho de 1500, em noite de calor, quando Alfonso, deixando o Vaticano, atravessava a Praça de São Pedro, foi fácil vítima de sicários embuçados que o apunhalaram e o deixaram prostrado, semimorto. Os gritos do príncipe no silêncio noturno e o barulho das imprecações e dos cavalos em disparada, alertaram a guarda palatina, que socorreu o ferido e levou-o ao seu palácio.

Todos adivinharam o nome do mandante criminoso. O carinho de Lucrécia e o devotamento de sua irmã

Sancha evitaram que fosse envenenado durante a convalescença.

Era o começo de novas dores.

O Papa, atendendo à filha, destacou um contingente de guardas para impedir novo ataque.

Desequilibrado pelo ódio crescente, não refeito ainda dos ferimentos, atacou a César, que passeava em jardim próximo, utilizando-se de arco e flecha. Inatingido, César sorriu enigmaticamente.

O olhar que então lhe endereçou seria inesquecível. Alfonso tinha agora o destino selado, e o sabia. César não concedia segundo ensejo ao inimigo.

Recorreu à esposa, propondo-lhe nova evasão, ansiando buscar o apoio do tio, em Nápoles, que o salvaria, sem dúvida.

A jovem princesa conhecia demasiadamente o irmão, para ter certeza de que a frustrada e louca tentativa do marido não passaria sem desforço.

Buscou entrevistar-se com o genitor, que a mandou tranquilizar-se, preocupado que estava com os negócios do Estado, impossibilitado, no momento, de dedicar-se às questões que considerava de somenos importância...

Paulatinamente o Papa cansava-se da pusilanimidade do genro, que lhe parecia inapto e venal, cujo atrevimento por pouco não lhe arrebatara César, seu general e segurança na construção do Império Pontifício com que sonhava. No íntimo, talvez quisesse libertar-se do napolitano, já agora indesejável... Não deu maior importância ao caso.

※

Por ocasião da última excursão de César a Ferrara, Giuliano, de quem necessitava para o prazer e para a defesa pessoal, seguira entre os membros da comitiva, embora desejasse ficar em Roma.

Nesse comenos, Alfonso, informado da ausência do músico, a quem passara a odiar, constrangeu Grazia à nova entrevista, na qual se precipitariam nefastos acontecimentos.

Abrasado pelo desejo de competir com o traidor que o desertara, reiterou à jovem a paixão de que se sentia objeto.

Fazendo-lhe promessas, acenando-lhe com fortuna fácil e glória, e possivelmente com um matrimônio conveniente, seduziu-a, dominando-lhe a débil resistência e arrojando-a ao pântano da corrupção moral.

A princípio, surpreendido pelas sensações novas, sentiu-se agradado o amante, que mal disfarçava a vitória sobre o inimigo detestado.

Esperava-o, em triunfo íntimo, antegozando a satisfação do sucesso.

O concubinato estabeleceu suas intrincadas amarras, enquanto o tempo deslizava célere.

A desafortunada moça, que desconhecia a própria desdita — pois o maior infortúnio se estabelece na ignorância da infelicidade que fere fundo as vítimas que lhe caem nas malhas —, continuava acalentando ilusões, não obstante as maledicências espalhassem informações, que culminaram por alcançar Lucrécia, a esposa traída.

Como se não bastassem as graves conjunturas, a licenciosidade dos amantes conduziu Grazia ao altar da maternidade, por meio de tormentosa gestação, que ao ser interrompida, por determinação do amante, por meio de processo primitivo e criminoso, roubou-lhe a vida, prematuramente, saciando a sede de vingança daquela que fora sua benfeitora...

Realmente, vida e morte eram e são fenômenos comuns, mas as circunstâncias que então estabeleciam a manutenção de uma ou outra, nunca eram levadas em conta, se transcorressem sob a égide de nobres e potentados, ou ocorressem na intimidade das Casas fortes.

Ao retornar, Giuliano, que conseguira introduzir informante no lar de Alfonso, inteirou-se de todas as infâmias e desgraças desenroladas na sua ausência. Ferido no âmago do ser, recorreu a César, rogando-lhe justiça.

O ódio é tóxico que corrói o vasilhame que o contém. Retido, destrói; espalhado, envenena.

Alfonso fizera-se vítima da impulsividade, e Giuliano, sincronizado na mesma onda de animosidade, tornava-se fácil presa da alucinação.

César prometera unir a sua à odiosidade do amigo.

Exatamente nesse período, com as mãos ainda manchadas pelo sangue de Grazia e do filho que não permitira nascer, Alfonso era vítima da agressão noturna em S. Pedro, e Giuliano era um dos agressores mascarados.

3. SUCESSOS INFELIZES SELAM DESTINOS

A malograda tentativa de homicídio perpetrada por D. Alfonso contra César gerou indefinível clima de insegurança no Vaticano, especialmente na *Villa Borgia*. Fâmulos e aias, soldados mercenários e guardas pontifícios, toda a corte frívola sentia a presença ignóbil da desgraça mortuária rondando, implacável, com soberania, a vida ou vidas por esmagar.

Todos sabiam que aqueles eram dias de amargura e destruição.

O Papa, informado dos acontecimentos e perfeitamente cônscio do caráter do filho e da personalidade mórbida do genro, aguardava que o desfecho aziago acontecesse.

As malhas da intriga bem urdida apertavam os nós constritores e a suspeita via, com expressão de horror crescente, o desenrolar das horas, que se arrastavam prenhes de inquietação.

❀

Sem poder explicar o que lhe ocorria, Lucrécia padecia estranhos paroxismos. Presa de horror, assomavam-lhe à mente as atitudes do consorte, ao qual amava com extremos, e, por singulares circunstâncias, sentia-se fundamente magoada, face à sua infidelidade, nas relações com

Grazia, no próprio lar onde reinava. Traição conjugal não era considerada crime; todavia, padecimento atroz a martirizava. O espírito da desencarnada, acoimado pela perturbação no além-túmulo, sintonizava inconscientemente na faixa mental da princesa, estabelecendo tormentosa inquietação recíproca.

Em todas as circunstâncias da vida, em que as antagônicas expressões da desordem íntima açulam tormentos, conúbios psíquicos com desencarnados, conscientes ou embotados pelo transe da morte, promovem, geralmente, longos processos obsessivos, causando infelizes estados de perturbação, capazes de conduzir à delinquência ou à loucura. Sempre a esfera dos chamados *mortos* influenciou poderosamente a atividade mental dos chamados *vivos*. Interpenetrando-se os dois continentes da vida: o físico e o espiritual, é muito difícil estabelecer marco divisório, capaz de definir com precisão onde um começa e outro termina. Por isso, *morte* é vida e *vida* no corpo não deixa de ser morte...

A filha de Alexandre VI, fruto espúrio dos sombrios dias da Renascença, que acendia as primeiras débeis claridades para o porvir da razão, não tinha como melhor compreender ou discernir. Conhecia César demasiadamente, e embora jovem como era, sabia como funcionavam os conciliábulos que resultavam na seleção de amigos e na eliminação de adversários, no clã Borgia.

Demoravam-lhe vivas as lembranças dos ardis de que o irmão se utilizara para libertá-la do primeiro marido, Giovanni Sforza, governante de Pesaro, que fora útil somente enquanto perduraram os interesses familiares na política dos Estados pontifícios, ora em consolidação... Assim, Nápoles, que constituía embaraço ao expansionismo da Igreja, poderia ser espezinhada e D. Alfonso, no momento, representava admirável instrumento para que se pudesse desfechar contra a arrogante Casa de Aragão, insubmissa e rebelde ao domínio papal, seguro golpe, prenunciando futuras agressões.

É claro — pensava, em demorada reflexão, a receosa esposa — que o genitor talvez não compartilhasse dos planos de César que possivelmente só o notificaria de quaisquer atitudes após consumá-las. Esse estratagema, informar após a impossibilidade de evitar os danos, constituía método seguro de êxito em qualquer dos seus empreendimentos. Assim, quanto fazia era urdido em técnicas tão sutis que sempre envolviam os interesses estatais na trama pessoal, dificultando se pudesse identificar onde estavam em jogo os valores da Igreja e do Estado e onde se encontravam as questões geradas pela sua insânia pessoal. Era natural — concluía mentalmente — que assim fosse, porquanto os atos venais impõem armadilhas novas, e novos compromissos são impostos a fim de forjarem aparências que, pela sua fragilidade, necessitam ser renovadas incessantemente.

D. Alfonso tornara-se fator de impedimento para César, sob vários pontos de vista, se examinadas as animosidades existentes e as distâncias abertas na linhagem dos interesses em pauta.

O jovem guerreiro amava a irmã, e ela o queria com o ardor do temperamento espanhol da família. Realmente, amar, para César, significava possuir com arrebatamento e paixão, dominar, reter com vigor.

Desde cedo o irmão cultivara os sonhos opulentos da dominação e do poder, como se fora predestinado à glória, à fama, à governança. Para consegui-los, todos os meios pareciam-lhe lícitos, perfeitamente justos. Numa jornada, os que receiam afastar impedimentos não avançam. César, que tinha por meta a culminância das conquistas, não receava afastar quanto lhe constituísse impedimento.

Desse modo, desenvolveu-se estimulado pela volúpia desregrada em torno da supervalorização de si mesmo e dos seus, como na superestima que se atribuía. Sua ordem de valores afetivos começava nele próprio e logo nas pessoas do pai e dela... Depois, os outros, pelo valor que significavam, enquanto valiam. A irmã constituía-lhe razão de felicidade. Sua presença louçã exacerbava-lhe os sentimentos e não poucas vezes, enquanto dialogavam, externando as paixões de que se sentiam possuídos — e o faziam em espanhol, procedimento com que alegravam o genitor, que os habituara à língua-mãe —, era impulsionado a exibicionismos e arrebatamentos grotescos, que uma ou outra vez culminaram em disputas com soldados hercúleos, incluindo touradas violentas nos pátios ajardinados da *Villa*, em presença do Papa e de selecionada assistência, na qual ela era destaque especial. Exultava em tais ensejos, recordava. Agradavam-lhe as emoções violentas. A monotonia constituía-lhe terrível punição. Aliás, esses eram espetáculos comuns que conduziam à violência, especialmente quando a ociosidade comandava as mentes, fazendo repousar as mãos.

Mais de uma vez fora obrigada a refrear os arroubos do irmão, receando mais graves sucessos, quando em libações alcoólicas ou embriagados de excitações, a intimidade ameaçava levá-los a compromissos que poderiam ser nefastos...

Amando D. Alfonso, diminuía-se-lhe a chama em relação a César e ele o compreendia. Ela agora estuava de beleza e juventude. No entanto, era paciente e piedosa, quanto se poderia sê-lo então, entre cortesãos dissolutos e vulgares.

As guerras constantes, que se via obrigado a manter, impediam o irmão de permanecer mais tempo em Roma, o que impossibilitava convivência maior. Ele era antes de tudo um guerreiro.

O nascimento de Rodrigo, o filho que acalentava em transportes de felicidade, desagradara o tio.

Reflexionando, emocionada, concluiu que o marido não escaparia à sanha do irmão. Amava a ambos, embora com amores diversos. Em tal conjuntura, resolveu dialogar com César, porquanto em toda a Itália não havia um só lugar, um refúgio seguro ou secreto, onde não chegassem os sicários do senhor da Fortaleza de Santo Ângelo.

※

Giuliano, quando se informara seguramente de que o desafeto sobrevivera à armadilha, alcançando o Palácio de Santa Maria in Pórtico, por pouco não enlouqueceu, vitimado pelo desespero.

Parecia-lhe impossível que o frágil Aragão pudera sobreviver a tantos golpes.

Desarvorado, apresentou-se ao amo, solicitando-lhe nova oportunidade, na qual não havia como falhar. Urdira hábil, infalível plano, que apresentou a César, mas este opôs-se à sua execução.

— Necessito do meu artista — elucidou César — e não me arriscarei a perdê-lo em empresa na qual mercenários vulgares podem facilmente triunfar, sem perigo ou prejuízo expressivo para mim.

— Todavia, senhor — redarguiu o moço impulsivo —, o problema é pessoal, diz-me respeito...

— Sei o que faço — interrompeu-o César, que raramente discutia seus desejos ou os notificava a alguém. — Quem atingir Alfonso, não poderá sobreviver...

Ante a precipitação dos acontecimentos inditosos, na noite imediata à agressão de que César fora vítima, alguns bandidos adentraram-se pelos aposentos dos jovens nubentes e, diante da irmã e da esposa, que se quedaram estarrecidas, D. Alfonso de Aragão foi cobardemente asfixiado sob um travesseiro de plumas, rigorosamente aplicado ao seu rosto, sem a mais remota possibilidade de defesa ou de sobrevivência.

Os estertores do moribundo e a sua agonia indefinível estupidificaram as mulheres que, impossibilitadas de qualquer atitude ou reação, face à surpresa superlativa, tombaram sem sentidos.

A noite romana, velando estrelada, testemunhava mais uma vingança inominável.

Todos sabiam quem era o verdadeiro assassino... Alexandre VI, porém, informado pela versão que dera o filho, apresentou condolências à família do genro, lamentando a tragédia, e mandou sepultá-lo após exéquias privadas.

Posteriormente consolou a filha, enviando-a a Nepi.

✼

A mesma sofreguidão de Alexandre VI, que lhe corrompeu os sentimentos, devorava, cada dia mais, as entranhas do filho, o implacável conquistador que lhe assegurava a transitória posição política no Vaticano.

Giuliano, por sua vez, já não apresentava as características dantes cultivadas: jovialidade, beleza, destreza e cordialidade no trato.

A perda de Grazia enrijecera-lhe as fibras da compaixão e respirando o ambiente da criminalidade organizada, no qual a impiedade exercia predominância e o suborno se configurava de lei, em nome da justiça, deixou empedernissem-se-lhe os sentimentos, e corrompido pelas sensações, vilipendiou o espírito, matando qualquer ideal superior.

Amando e odiando a memória da mulher não alcançada, atirou-se à volúpia, desforçando em outras jovens do mesmo jaez moral que o seu a revolta nascida do malogro íntimo.

Nesse comenos, não obstante filiado ao culto externo da religião dominadora a que se vinculava — abastardada em suas profundas finalidades pela prepotência dos usurpadores que a transformaram numa força temporal, prejudicando as suas potencialidades espirituais – experimentava o vazio da falta de fé e o amargor da ausência de objetivos na vida, anatematizada pelas brutalidades a que se entregara...

※

Para assenhorear-se da Romagna, que sempre fora sua preocupação, César, desejoso de poder incontido, desde há dois anos conseguira do pai, ante o Colégio dos Cardeais, que fosse aceita sua renúncia ao cardinalato, o que lhe permitiu tornar-se, graças ao matrimônio com Carlota, duque de Valentinois, passando a ser denominado na Itália, desde então, por Valentino. Giuliano, que lhe conquistou a confiança, foi designado seu gerente de negócios, indo residir em Faenza, onde César era relativamente amado.

A ampulheta do destino acionava a roda dos necessários sofrimentos, envolvendo as personagens da batalha humana empenhadas no difícil e árduo ascenso da evolução.

4. ENCONTRO QUE DELINEIA TRÁGICO FUTURO

Nas terras da imensa planície da Emilia Romagna, perto de Forli e Ravena, no norte da Itália, prosperava Faenza, aquinhoada com a aceitação da sua cerâmica, espalhada por toda a Europa. Desde o século anterior o artesanato em cerâmica conseguira destacar-se como obra de arte, merecendo depois traduzir as belezas do agrado renascentista. Dali sairiam as delicadas "faianças" que iriam entusiasmar artistas vários em muitos pontos da Terra.

A cidade era progressista, esplêndida, majestosa, ufanando-se da catedral em construção sob a inspiração da Renascença. Suas águas tornavam-se igualmente conhecidas pelas propriedades terapêuticas. Salgadas umas, ferruginosas outras, eram identificadas como miraculosas.

Por aqueles sítios transitaram homens ilustres do antigo Império Romano que deixaram sinais profundos da sua passagem.

Ali, Lúcio Cornélio Sila, ditador de Roma e da Itália, lograra expressiva vitória sobre Mário e os seus partidários, por ocasião das disputas travadas entre os dois amigos que se fizeram adversários, e seis séculos depois Totila vencera os bizantinos que haviam embelezado a cidade e contribuído valorosamente para o seu progresso.

Naquele ano de 1501, amargurado ainda pelas vicissitudes que o tornaram revel, Giuliano aspirava a crescente poder, como desejoso de asfixiar, na vasa da perdição, o estrepitoso clamor do coração revoltado. A saída da corte romana significava-lhe oportunidade de granjear fortuna e, quiçá, lograr algum título de nobreza, de modo a poder retornar um dia em posição relevante, que não a de músico, guarda-costas ou lugar-tenente que desfrutava junto a seu amo.

A admiração votada a César emurchecia-se-lhe intimamente, substituída por insopitável inveja. Aquele homem, ora soturno, ora transbordante, nascera sob estrela benéfica. Não raro entregava-se a demorados estudos políticos e bélicos na Fortaleza de Santo Ângelo, fazendo rutilar sua inteligência e habilidade militar, conseguindo, nesse ínterim, afogar qualquer outra paixão que não fosse a de manter e ampliar os Estados pontifícios.

Participara dos exércitos de César, quando este, no outubro passado, avançara em sua campanha de inverno na Província. Como Manfredi resistira ao invasor, apoiado pelo povo, em Faenza, a cidade padeceu rude cerco, durante a quadra hibernal, terminando por render-se ante a tentadora proposta de paz e promessas de benignidade para com todos, oferecidas por César, inclusive a de perdão a todos os que se lhe opuseram nas lutas. Os irmãos Manfredi, capitaneados por Astorre, aceitaram as concessões e foram alçados à categoria de membros do seu estado-maior, como personalidades de destaque, embora transitoriamente, porque César sabia que um inimigo que se torna amigo, mas volve à posse do poder, prossegue inimigo. Assim, posteriormente mandou encerrá-los no Castelo de Santo Ângelo, onde encontraram hábil punhal que lhes ceifou as vidas, meses depois...

Para tornar-se os "olhos de César" junto à administração, Giuliano trasladou-se para Faenza, logo após a campanha, liberado das funções na imponente comitiva. As dissipações romanas não se haviam distendido até aquela região, onde os costumes, relativamente morigerados, não se tornavam campo favorável à onda de licenciosidade que reinava em outras cidades dos Estados pontifícios. Era comum suceder que, após as batalhas, quando se instalavam as forças conquistadoras, também se fixavam as cortesãs que acompanhavam as tropas mercenárias e os aventureiros, exploradores que passavam a perturbar os costumes e corromper as cidades vencidas. Tal procedimento tornava-os ainda mais abjetos e detestados, inspirando homens e mulheres retos a trabalharem sem descoroçoamento até a vitória final sobre os intrusos.

Talvez as atividades do campo e a paz da Natureza trabalhassem uma burguesia tradicional, de costumes pacatos, que não aceitava facilmente a corrupção em voga. A religião, ali, gozava de prestígio e, não obstante a animosidade generalizada contra o Papa estrangeiro e belicoso, acreditava-se nas determinações provindas de Roma.

Os sentimentos de pátria, todavia, eram conservados no culto da família e apesar da negociação por meio da qual sucumbia a cidade e, logo após, toda a Romagna, então anexada pelo verdugo, sonhava-se com o dia da liberdade.

Aliás, a cadeia da escravidão faz com que arda na alma a forja que derrete algemas e trabalha heróis. As pegadas sanguinolentas dos conquistadores impetuosos e insaciáveis convertem-se em lôbregas fossas por onde um dia retornam os usurpadores desiludidos. O direito à liberdade é inalienável. A hidra da guerra pode lacerá-lo, jamais destruí-lo. O homem deve ser livre para, por meio da própria escolha, exercer a regência dos seus atos, passando a experimentar-lhes as consequências. Enquanto os direitos humanos forem desrespeitados — e há mil maneiras de desonrá-los —, os espectros da desgraça rondarão, em sinistras marchas, sobre os escombros da desídia dos esbulhadores dos direitos alheios. Contemplarão sua própria queda e o soerguimento do que denegriram, macularam e supuseram esmagar. E a História fará justiça às suas vítimas, proscrevendo-lhes as façanhas ignóbeis.

Após apresentar-se às autoridades locais, devidamente credenciado pelo amo que o recomendou pessoalmente, Giuliano se localizou no Palácio Geral da Governadoria, fazendo-se destacar muito facilmente pela destreza na esgrima e no alaúde, pela arrogância e pela verve galante.

O moço, no entanto, içado à escadaria do poder, não olvidava Grazia, a eterna recordada. Lamentava tardiamente não a ter arrebatado quando a conhecera, arrostando então os efeitos da atitude precipitada que agora lhe parecia de menor padecimento, face à sensação de senti-la perdida...

Essa desesperação provinha da estranha vinculação psíquica, em crescente processo obsessivo que sofria, mediante o qual a moça leviana, que fora arrancada ao corpo prematuramente, ignorando a realidade do seu novo estado, era irremissivelmente atraída pela mente do atormentado musicista que a solicitava sem cessar.

Na esfera do sonho, com frequência, sem entender a ocorrência, Giuliano reencontrava a mulher desejada, que então se lhe afigurava megera infeliz, retratando na *facies* deformada as vicissitudes vividas no além-túmulo em cujas trilhas transitava inconsciente.

Como reação natural, experimentando o vazio íntimo, tornara-se impiedoso, insensível ao sofrimento alheio, quando não sistematicamente revoltado contra as circunstâncias vigentes.

Com a promoção social e política fez-se soberbo, açulando a maldade dormente que outrora ocultara ou simplesmente estava embrionária.

Ligou-se por afinidade natural — os excruciados pela insânia da volúpia e da perversão possuem faro especial, por meio do qual logo encontram símiles, em cujos círculos se comprazem e fossilizam — a outros jovens empedernidos, amantes das libações exageradas, do jogo, dos prazeres anestesiantes.

A vida, mesmo assim, figurava-se-lhe monótona, na cidade laboriosa.

A excitação do Castelo de Santo Ângelo fazia-lhe falta. Não obstante ali a intriga também exercesse sua função destrutiva, não lograva forjar os homicídios sucessivos, as orgias e as quedas comuns em Roma.

Como agravante, as autoridades, embora corrompidas, eram levadas a atitudes às vezes surpreendentes para Giuliano, tomando a defesa da justiça, em consideração às circunstâncias locais.

No verão, que se tornara abrasador, assaltado por pertinaz melancolia, Giuliano, cavalgando, afastou-se dos muros da cidade e, extasiado pela paz campestre, deixou-se arrebatar pela lembrança da infância, em Reggio, recordando os fatos múltiplos e céleres da sua vida, que ora culminavam na glória buscada e naquele intérmino sofrimento rebelado que o desgastava e enlouquecia.

Afinal, refletia, nascera em terras próximas, em planície arrebatadora, na Reggio inesquecida, que fora obrigado a abandonar. Retornava agora à Emilia em posição relevante, mas não em situação de felicidade íntima. Talvez a inquietação que experimentava na cidade procedesse das evocações da terra natal. Parte do antigo ducado da Lombardia era imponente pela sua nobre catedral e graças à grandiosa Basílica de São Próspero, erguida cinco séculos antes, um dos orgulhos do seu povo. A prefeitura, que fora erguida há algumas décadas, era lição de Arquitetura...

Reviu-se a correr pelos antigos muros e pradarias, tornando mentalmente à casa paterna... A mãe, disseram-lhe, morrera-lhe quando ele estava ainda na infância, e a verdade é que não fruíra aquele carinho que a maternidade verte sobre os filhos como insubstituível chuva a cair nas débeis plântulas que desabrocham.

O milagre das recordações tomou-o de inopino e descobriu-se comovido a chorar. Insopitável constrição dominou-o todo.

Não poderia dizer o tempo que passou na contemplação do poente em fogo e ouro — anoitecer na sua terra! — quando se surpreendeu com o trotear de alimárias que acompanhavam imponente carruagem, adornada e rica, rumando pela estrada estreita.

As cortinas abertas deixavam perceber as duas passageiras distintas, cujo porte altivo e belo se destacava no claro-escuro da tardinha como emolduradas em diáfana claridade.

Desconhecida emoção assaltou por completo o apaixonado *reggiano* que, num átimo, pareceu reencontrar as antigas emoções nas províncias ora sombrias do espírito aflito.

Ergueu-se de um salto e acompanhou visualmente, por entre a nuvem de pó, o veículo e os cavaleiros a desaparecerem adiante por entre os vetustos arvoredos da via sinuosa.

Tomou a montaria e seguiu a caravana até a herdade opulenta que se lhe descortinou ao olhar atônito, momentos depois, e por onde os viajantes se adentraram.

Incapaz de considerar perigos, acercou-se da mansão e, mediante hábil e dissimulado inquérito, soube quem eram os residentes da *Villa*, planejando acercar-se da família ao primeiro ensejo, apresentando-se às mulheres que lhe provocavam renovadoras emoções.

Tratava-se da Sra. *Contesse* de Lunardi e sua filha Beatrice, de 15 anos, que retornavam de Ravena, a capital da província, onde a menina aprimorava dotes entre religiosas afamadas pelos métodos da educação que ministravam a jovens da burguesia e da nobreza.

Viúva havia cinco anos, a condessa rejeitara veementemente novas bodas e a convivência, que lhe parecia perniciosa, com os da cidade.

Religiosa afervorada, erguera, desde os dias do esposo, elegante capela nas suas terras, mantendo a expensas próprias o frei Carmine, seu amigo e conselheiro espiritual.

Bela, era uma sobranceira dama de quarenta anos, pouco mais ou menos, que se consorciara com idade relativamente avançada para aqueles dias.

Seu pequeno feudo, pelo impositivo da anexação, pagava expressiva soma ao governo de Roma, mediante a arrecadação automática em Faenza a que todos se submetiam.

Afastada espontaneamente do bulício e dos mexericos citadinos, cuidava de preservar-se, devotando-se efusivamente à filha que lhe constituía razão essencial para a sobrevivência.

Giuliano, que se acreditava aniquilado até há pouco, pareceu reencontrar-se.

Ante a noite que descia, estrelada e ardente, retornou galopando a Faenza e enredou-se na transa vigorosa do destino que o testaria outra vez.

Ninguém logra evadir-se de si mesmo. Quem arquiteta atos faz-se escravo das suas consequências.

À noite de ansiedades sucederão os dias do longo porvir, que tem nas mãos por erguer.

5. AUTOEXAME NA ENCRUZILHADA DA VIDA

Fora uma visão a distância e bastara para que se reacendessem as desordenadas chamas da emotividade, descontrolada no sôfrego lugar-tenente de César. Tempestuosamente, irromperam-lhe no íntimo as inquietações de outrora, que pareciam dormir sob as cinzas dos desencantos e do cansaço experimentados.

Retornando a Faenza, o jovem extravasava alegria esfuziante e, recorrendo astutamente a antigos servidores da Casa Manfredi, onde agora vivia, conseguiu anotar mexericos e informações em torno da Sra. Condessa de Lunardi e da sua filha Beatrice.

Ufano, buscou os amigos — digamos a palavra correta: os comparsas das alucinações, porquanto os amigos estão acima dos estroinas que se reúnem exclusivamente para os prazeres, quais chacais que se fartam nos despojos dos animais abandonados — e deixou-se escorregar pela rampa colorida das fantasias que o momento facultava.

Cansado das vacuidades, aspirava à paz; transbordante de gozo ardente, ambicionava harmonia íntima; exaurido pelas dissipações, gostaria de fruir a pacificação do amor. No íntimo, realmente no âmago do ser, ele continuava um sonhador, vitimado, embora, pelas aziagas circunstâncias da vida a que se arrojara.

Assim, naquela noite ardente, de verão, algo esgotado nas forças juvenis, Giuliano atirou-se ao leito, porém não conseguiu dormir ou sequer repousar.

Pelas janelas ogivais abertas nas paredes de pedra, as estrelas espiavam o seu leito, como visões prateadas, e o céu tranquilo convidava-o à reflexão. Havia singular quietação na noite. Fazia tempos que o recolhimento não lhe alcançava o espírito para o miraculoso exercício da meditação refazedora.

※

A meditação oferece o ensejo superior para o desnudamento íntimo, com a resultante compreensão das ocorrências que passam, muitas vezes, em tropel vertiginoso e infeliz. Convida ao exame de atitudes, elevando o espírito às regiões dúlcidas da Espiritualidade, onde o ser se dessedenta, se tranquiliza, abre portas à percepção e se emociona, identificando as próprias fraquezas e descobrindo as potencialidades divinas que vem desprezando. É convite de Deus, pela inspiração angélica, interfone para conversações sem palavras... Em momentos que tais mensageiros felizes, convidados pela sintonia automática, espontânea, do apelante mudo, acercam-se-lhe e com poderosas energias libertam o que sofre das cordoalhas escravizadoras, ensejando-lhe aspirar psicosfera salutar, em que se desintoxica, de modo a poder, doravante, melhor discernir e, com mais segurança, atuar corretamente.

※

Naquele momento, abertas as *entradas do espírito* às forças insondáveis e à inspiração superior, o imprevidente deixou-se conduzir ao país do necessário exame de consciência...

Mesmo o revel é credor de oportunidades concedidas pela Misericórdia Divina, que a todos alcança, em forma de socorros fomentadores dos meios que conduzem à reabilitação após a queda, ou ao progresso, quando no esforço conjugado ao dever.

Assim, Giuliano refez mentalmente o caminho percorrido. Parecia que mão intangível trabalhava o fio dos sucessos contínuos na sua tumultuada existência. A infância, que lhe rutilara na lembrança, à tarde, volvia-lhe à memória, e da genitora recordava apenas a ternura e a devoção. Diluía-se-lhe a recordação materna, mas, num lusco-fusco mental, alguma coisa brilhante, que ela trazia no trancelim de ouro pendente do pescoço, ficara-lhe na retina infantil. Tratava-se de uma madona, pintada em delicada peça prateada, cravejada de brilhantes, que a seu turno pertencera à genitora do pai e lhe constituía tesouro de valor inestimável. Quantas vezes seus dedos se enrodilharam na delicada joia?! — refletia então emocionado. — Depois — estranho depois! —, mais nada, ou quase nada, conseguiu evocar a respeito dela, exceto o riso jovial e aberto que lhe emoldurava o belo rosto... Tudo mais quanto dela soubera foram pequenas informações, talvez imaginárias, simples inverdades, a culminarem com o que se referia à sua morte, que se dizia ter resultado de enfermidade repentina e cruel. Aliás, nunca procurara saber exatamente como isso ocorrera e onde fora inumada. Singular atitude a que mantivera!

Conduzido ao castelo do pai, todas as suas lembranças eram os prados verdes, os pedagogos despóticos, as aventuras que lhe advieram então. Quando a ruína caiu sobre o pai, vitimado por empresa bélica infeliz, ele, Giuliano, fugindo às circunstâncias, transladou-se para Ferrara, e lá, mais tarde, soube da culminância do infortúnio paterno e da sua morte.

Não chegara a amá-lo — concluía. — Nunca fora, também, amado. Filho bastardo, era tolerado, e, talvez porque se parecesse à mãe, o genitor dialogava pouco com ele. Aliás, naqueles dias ninguém dialogava com ninguém. Os pais se impunham, os fortes esmagavam os menos fortes, a prepotência geria realizações. Genitores havia, porém, que estimulavam os filhos, amavam-nos e os encaminhavam nas diversas artes... O senhor de Bencescu, de Reggio, todavia, atendia ao filho com algum desprezo. Surda antipatia separava-o do rebento carnal, o que não o impedia de desincumbir-se, com afã, dos deveres que lhe diziam respeito. Era nobre não apenas na linhagem, senão também no caráter e nos sentimentos. Propiciara-lhe, dessa forma, educação geral e musical, não descuidando da arte da esgrima. Não esperava, porém, torná-lo um cavaleiro, e talvez mesmo não o desejasse.

Vezes sem conto, emocionava-se ouvindo o filho a cantar e a tanger o alaúde. Recordava-lhe a mãe, cuja voz maviosa jamais silenciara em seus ouvidos. Logo, porém, reagia. A lembrança da infortunada mulher afligia-o. Retirava-se, então, da presença do filho.

É verdade que nunca lhe faltara nada — considerava Giuliano. — Digamos, porém, que lhe faltava tudo: a mãe! A madrasta, conquanto gentil, não o suportava. Podia, porém, assinar-se Giuliano Giotto de Bencescu, de Reggio... (Sorriu, aliviado, ante esta certeza.)

Aprofundando a sonda nas íntimas inquirições, agora percebia lacunas imensas na sucessão dos seus anos primeiros, bem como desconcertantes acontecimentos. Porque desejara a vida em Ferrara, o genitor deserdara-o, naqueles tristes dias de desconforto econômico e moral; graças à atração física que exercia sobre as mulheres, evadira-se dali para libertar-se; receoso, na corte de Lucrécia, pela mesma razão, traíra os benfeitores e novamente fugira, desta vez para César, complicando ódios familiares... e assim, pouco depois de sentir-se amparado pela felicidade, que lhe abria os braços, generosa, eis que se via atirado, surpreendentemente, às mãos da desgraça, em fuga ou em desequilíbrio... Num balanço justo, concluía, o saldo da peregrinação apresentava-lhe maior soma de sofrimentos. Tudo passara com celeridade. O seu ontem mais distante era próximo. (Esse é um dos tesouros da juventude: as distâncias e o tempo não se configuraram reais, nem exatos.)

Relacionando episódios, descobria-se no fosso de uma solidão quase permanente. Amava a agitação, o bulício, a beleza, o brilho dos espetáculos... A música acalmava-o, fazendo-o lascivo ou melancólico. A dita era transeunte das suas horas, nunca demorada hóspeda. Quando terminavam os risos e as loucuras (sim, chamemos loucura a sede irreversível das sensações novas e dos novos gozos) experimentava a estranha presença da solidão que o obrigava a fugir. Vezes outras, no auge dos estímulos vulgares, sofria a soledade, embora o tumulto à sua volta.

Não chegara a consolidar afeições. A brejeirice dos cortesãos, ávidos de lucros, e o suborno dos bajuladores repugnavam-no. Pessoalmente sentia-se mal classificado no próprio conceito. E quando se está mal consigo mesmo, não se logra estar bem com pessoa alguma.

Cria em Deus; no entanto, jamais lhe buscara o refúgio. Ora, acreditava em Deus por *osmose psíquica*... Acostumara-se a aceitá-lo, porém não cogitara sequer de conhecê-lo. Reservava as relações entre ele e o Pai ao clero intermediário e às vezes ignominioso, não raro interessado na ignorância e na usurpação, salvo muito honrosas exceções.

Compreendeu, por fim, que lhe faltava amor, aquele amor que transforma o deserto espiritual do homem em oásis de bênçãos e que faz reverdecer a face crestada das aspirações amortecidas. Insopitável ternura umedeceu-lhe os olhos. A visão constante e perturbadora de Grazia, sensual e provocante, desvaneceu-se, e o espírito instável, lenido pela aragem das reflexões honestas que o venciam, acalmou-se... Tomado pelas mãos invisíveis que o amparavam, Giuliano mergulhou em sono renovador e desprendeu-se parcialmente do corpo.

※

Almas da Terra! Quando o fragor das inquietações estiver a ponto de estraçalhar-vos; se nas encruzilhadas não souberdes o caminho a seguir e todas as rotas vos parecerem acesso a abismos; quando insuportável desesperação vos houver arrastado a conclusões infelizes que vos pareçam ser a única solução; quando os infortúnios, em vos excruciando, tenderem a tornar-vos indiferentes ao próprio sofrimento — tendes o veículo da oração e dispondes do acesso à meditação remediadora! Talvez não vos sejam supressos os problemas, nem afastadas as dificuldades. No entanto, dilatareis a visão, para melhor e mais apurado discernimento; lobrigareis mais ampla compreensão da vida e das suas legítimas realidades; experimentareis a presença de forças ignotas, que vos penetrarão, vitalizando-vos; elevar-vos-eis a zonas psíquicas relevantes, donde volvereis saturados de paz, com possibilidades de prosseguirdes, não obstante quaisquer difíceis conjunturas existentes ou por existirem. Porque a prece apazigua e a meditação refaz; a oração eleva, enquanto a reflexão sustenta; o pensamento nobre, comungando com Deus, em Deus haure a vida, e dialogando, em conúbio de amor, extravasa as impurezas e se impregna com as sublimes vibrações da afetividade, que se converte em força dinâmica, para sustentar as combalidas potencialidades que, então, se soerguem e não mais desfalecem.

Não vos arrojeis desastradamente nas valas da ira irrefreável ou nas vagas da insensatez. Antes que vos assaltem os demônios do crime, erguei-vos do caos, pensando e orando.

Há *ouvidos* atentos que captarão vossos apelos e *cérebros* poderosos que emitirão mensagens-respostas, que não deveis desconsiderar.

Amores que vos precederam no além-túmulo vigiam e esperam por vós, amam e aguardam receptividade.

Não vos enganeis, nem vos desespereis vãmente. Tende tento! Falai ao Pai na prece calma e silenciai para o ouvirdes por meio da inspiração clarificadora.

Nada exijais. Quem ora, não impõe. Orar é abrir a alma, externar estados íntimos, refugiar-se na divina sabedoria, a fim de abastecer-se de entendimento, penetrando-se de saúde interior...

E quando retornardes da incursão pela prece, exultai, apagando as sombrias expressões anteriores, superando as marcas das crises sofridas e espargindo alegrias, em nome da esperança que habitará em vós.

Trabalhando pelo bem, o homem ora.

Orando, na aflição ou na alegria, o homem trabalha. E orando conseguirá vencer toda tentação, integrar-se com plenitude no espírito da vida, que flui da Vida Abundante, com forças superiores para trabalhar e vencer.

※

Giuliano despertou horas avançadas, coração tranquilo, otimista e cordial.

Assumiu as tarefas que lhe diziam respeito, junto aos administradores de Faenza, e com as paisagens mentais reorganizadas, recorreu ao governador, no sentido de conseguir maneira própria para ter acesso à herdade do extinto conde Lunardi.

Apesar de investido de melhores propósitos e recém-visitado por nobres pensamentos, não possuía o suficiente vigor moral para transformar-se definitivamente, alterando a diretriz dos hábitos arraigados e ressurgindo, homem-novo, dos próprios desregramentos.

Intrinsecamente, continuava o que fora nos breves anos de sua carreira desenfreada. Havia, no entanto, a presença da paz que acalma, qual delicado aroma de uma flor cujo perfume passou.

Justificando a necessidade de estabelecer mais sólidos vínculos com os donos de terras, nos arredores da cidade, e desejoso de conhecer a nobre dama e sua filha, sentia urgência em acercar-se da habitação, conseguindo, sem mais delongas, carta selada apresentando-o como pessoa grada do Governo e lugar-tenente do nobre duque César Borgia.

Um emissário municipal foi despachado, a fim de marcar o encontro entre o jovem legado e a Sra. Condessa, em nome da autoridade local.

Crescente ansiedade passou a comandar Giuliano, que estava no auge da beleza física. Ele realmente não sabia o que desejava naquela casa. Era compelido a aproximar-se por vigorosa desconhecida imposição que lhe escapava compreender. E deixou-se conduzir sem qualquer resistência.

6. INQUIETAÇÕES QUE PRENUNCIAM SOFRIMENTOS

A condessa de Lunardi enviuvara havia cinco anos, entrando na posse de expressiva fortuna que administrava com rara proficiência para uma dama. Sem embargo da alta linhagem a que pertencia o esposo, vivera sempre recatada, recolhida às dependências da sua propriedade, sem maiores amigos. O conde, mais velho do que ela, venerava-a com extremos de dedicação. Viúvo, quando a conhecera na capital, nela encontrara a renovação dos estímulos para viver. Com o nascimento da filha Beatrice, a felicidade como que estabelecera morada, em definitivo, no solar.

Bela, de estatura mediana e bem proporcionada, possuía rosto formoso, que rivalizava com as nobres esculturas de Praxíteles, onde se destacavam os olhos fulgurantes, que pareciam estrelas novas no céu da face.

Enquanto vivia o marido, permitia-se excursionar pelos arredores e, uma que outra vez, quando inevitável, acompanhava-o a ofícios religiosos e a festas na cidade e na capital. Depois da sua partida, recolhera-se quase totalmente. A verdade é que não hospedava ninguém e raramente recebia visitas.

Atendida por venerável amigo-conselheiro, que servira ao esposo, e pelo irmão Carmine, confiava ao primeiro os bens terrenos e ao segundo as necessidades espirituais. Servos e trabalhadores da casa eram dirigidos pela severa governanta, que também atendera o senhor, que nela depositava tranquila confiança, tudo transcorrendo em rotina equilibrada que só se alterava nas épocas da sementeira e da sega.

A filha, seu maior tesouro, constituía o centro em torno de cuja felicidade gravitava. No estuar da juventude louçã, era graciosa e delicada. Herdara dos genitores a nobreza de linhas e, na intimidade, era ternamente chamada por *fada*.

A mãe internara-a em Ravena, a fim de facultar-lhe maior convivência com a religião e com outras jovens, educando-a com refinamento. Augurava-lhe um consórcio ditoso, porquanto para ela estavam reservados os largos haveres que procediam do falecido progenitor.

Embora tudo parecesse constituir um jardim edênico, a condessa Isabella de Lunardi não se podia furtar a constrangedor presságio que a martirizava. Nas longas conversações com o conselheiro espiritual, narrara-lhe a angústia que a possuía amiúde, como se caminhasse sob augúrios nefastos, prestes a desabarem em clima de tragédia.

O dedicado religioso, que lhe votava entranhada afeição espiritual desde quando a encontrara, tentava tranquilizá-la com os argumentos da inafastável confiança em Deus e do mérito de que se encontrava investida pelas obras de caridade junto aos pobres e enfermos a que se entregava.

Ignorando as sutis faculdades da intuição, da premonição e as leis da reencarnação, em que estão embasados os acontecimentos da vida física, mantinha como recurso, o devotado pastor, a argumentação com a fé, pura e simples, sem mais amplos recursos para estruturar a consolação com que pretendia sustentar a ovelha aturdida.

— Possivelmente — afiançava-lhe o guia religioso —, os sofrimentos transatos ralaram-na de tal modo, que o penso das alegrias incontáveis não conseguiu cicatrizar-lhe definitivamente as inúmeras feridas que ainda supuram...

Necessário esquecer para perdoar melhor, arrojando no olvido as cangas da mágoa e das amargas reminiscências. O mal que lhe pretenderam fazer resultou em inestimável bem, embora os incalculáveis sofrimentos... E a filha com que Deus a beneficiou veio preencher a incomparável ausência...

— Não são mágoas, meu amigo — interrompeu Isabella comovida. — Já não possuo mágoas, nem rancores. O tempo enxugou todas as lágrimas; mas não pôde apagar as tristes lembranças que asfixio, evitando transmitir tristezas a Beatrice...

E após reflexionar:

— São pressentimentos de novas dores! Duas mulheres, sem o braço forte de um esposo, um pai, um irmão...

— E Deus?! — inquiria, aflito, o amigo. — Está esquecida daquele que é o Poder e a Diligência absoluta? Genitores e familiares existem que, pensando defender os seus pupilos, se convertem em verdadeiros agressores, abutres que os devoram!

— Tem razão. Receio que não me libertarei deste estranho pavor que me persegue, absorvendo-me os sorrisos, sugando-me a paz.

— Pobre menina! Você já sofreu muito. Tudo, porém, passou. Há mais de três lustros você encontrou a felicidade. Não permita que infortúnios antigos tisnem alegrias presentes, sombreando esperanças futuras.

Os diálogos sempre culminavam com jaculatórias e palavras de carinho.

❈

O irmão Carmine pertencia à Ordem Agostiniana (dos frades pregadores), que tivera permissão monástica, há mais de 20 anos, para viver fora dos muros conventuais.

De provecta idade, acompanhava a condessa, desde que conseguira liberar-se dos compromissos da clausura, sem renunciar ao ministério da palavra, nem aos ofícios religiosos. Procedia de Parma e era conhecido pela humildade, pobreza e elevação dos sentimentos cristãos.

Sua presença assegurava a paz e sua ilimitada confiança nos *escritos sagrados* e em Jesus Cristo infundia respeito e admiração.

Austero nos hábitos e disciplinado na conduta, desde os primeiros arroubos da juventude, era, digamos sem rodeios: um apóstolo!

A fim de facultar-lhe meios de pregar, sem maiores sacrifícios, o conde, a instâncias da esposa, erguera belo templo, na herdade, a fim de homenagear a fé, homenageando-o ao mesmo tempo.

Possuidor de verbo fluente, em considerando a dialética, cujos estudos aprofundara na Ordem, raramente utilizava toda a sua força de argumentação, considerando o público provinciano dos arredores que acorria às suas práticas. Com menor resistência física, pela idade avançada, ministrava os sacramentos e oficiava, limitando os sermões, ultimamente, a conselhos menos entusiastas, mas profundos de significação.

Todos lhe votavam imensa afeição e a condessa tinha-o na condição de pai amoroso e leal, em cuja dedicação hauria energias para sobreviver ao caos a que fora arrojada...

※

O feudalismo, apesar de quase totalmente desaparecido na Europa, teimava por sobreviver na Itália, dividida entre o Papa, os imperadores regionais e os príncipes absolutistas, que se sustentavam nos exércitos dos *condottieri*[5] para a sobrevivência dos estados e províncias que governavam, nem sempre com sabedoria ou dignidade. Quase sempre usurpadores, faziam-se suseranos impiedosos, espoliadores, em guerras lutuosas, uns contra os outros, resultando disso anarquias contínuas, de que salteadores, aos bandos, se aproveitavam para o saque sistemático, o vandalismo incessante.

As terras pertencentes ao clã Lunardi eram, desse modo, imenso feudo, que prosperava a expensas da condigna administração.

Aos súditos humildes, enfermos e pobres, as mãos generosas de Isabella ofereciam a fartura da paz, a caridade da assistência, o conforto da bondade. Exercendo justiça na distribuição de terras e na divisão das colheitas, sua mansão era um oásis de progresso, distante poucos pares de quilômetros da cidade.

※

Sem compreender exatamente o motivo da visita que se propunha fazer-lhe o lugar-tenente de César Borgia e após confabular com o administrador e o seu confessor, decidiu-se a senhora a recebê-lo no entardecer do sábado, quando a faina do campo houvesse cessado e os fâmulos pudessem homenagear o visitante ilustre e — por que não dizê-lo? — sob suspeita.

No dia aprazado, dominando a inquietação e a ansiedade que o possuíam, Giuliano Giotto fez-se anunciar e foi introduzido na sala de recepção.

Amável, mas restritivamente recebido, o jovem não conseguiu quebrar as austeras limitações da etiqueta, ante a reserva da senhora e dos seus auxiliares de confiança.

---

[5] *Condottieri* — Condutores de mercenários.

Beatrice, por medida de cautela, não compareceu, permanecendo nos seus aposentos.

O jovem trajava elegantemente, como nas recepções festivas de Santo Ângelo a que estava acostumado. A senhora, apesar da discrição e do traje de luto, com o semblante velado por singular preocupação, traía toda a beleza de que era dotada.

A custo, o musicista sopitava os desejos infrenes de arrojar-se-lhe aos pés, em fervente declaração de amor. Não saberia dizer quais os sentimentos que o perturbavam. Não tinha hábitos de morigeração, porquanto seus últimos anos foram de aventuras e de insensatez.

Passados os primeiros instantes, em que apresentou a carta de recomendação, em clima da mais inibidora formalidade, engrolou justificações, desejoso de quebrar a frieza dos circunstantes.

— Aqui estou em nome do duque de Valentinois, o nobre César Borgia — arengou com insopitável dificuldade —, desejoso de travar contato pessoal com as famílias nobres da província, de modo a estreitar laços de amizades valiosos. Como a Sra. Condessa não visita o palácio, resolvi tomar a iniciativa.

— Rogo desculpeis a senhora Condessa — justificou o irmão Carmine —, que vive enclausurada no seu burgo, cultuando a memória do sempre pranteado esposo, o Sr. Conde Lunardi.

— Mas o nobre senhor faleceu há muito, segundo me consta — interveio Giuliano. — Não se justifica, portanto, tão grande reclusão.

— Com vossa licença — interrompeu Isabella —, o assunto não interessa senão a mim, por se tratar de questão muito particular, que não tenho obrigação de discutir com o nobre visitante. Não havendo mais nada a tratar, que me exija a presença, permito-me retirar-me, deixando-vos em companhia do meu administrador, para alguma coisa que se refira a negócios, terras ou tributos, pois é ele a pessoa autorizada e capaz para esse tipo de decisões.

Ergueu-se contrafeita. Quando se ia retirando, o *reggiano*, ousadamente, levantou-se e interceptou-lhe o passo. Segurando-lhe a mão, que tremia levemente, balbuciou, aturdido:

— Perdoai-me, Sra. Condessa! Não era do meu desejo interferir em tão delicada questão que vos mortifica. Sede benevolente para com a minha indiscrição. Sucede que a vossa beleza deslumbra e a nobreza de vossa figura me perturba.

Isabella, assaltada pelo inesperado galanteio diante dos auxiliares e fâmulos, empalideceu, demorando-se imobilizada, sem haver retirado a sua das mãos nervosas do visitante. Este, num crescendo de atrevimento, osculou-lhe a destra que continuava a reter, enquanto a dama foi acometida de súbita vertigem, tombando inconsciente.

A cena foi rápida. Servas acorreram com essências e bálsamo, e após colocarem-na em canapé forrado de veludo, friccionaram-lhe os pulsos e as têmporas com unguentos, fazendo-a aspirar forte aroma e recobrar a lucidez.

Ante a agitação que se estabeleceu na ampla sala de recepção, Beatrice desceu dos seus aposentos, precipitadamente, e, vendo a genitora desfalecida, prorrompeu em choro convulsivo.

A governanta assistiu-a, enquanto o irmão Carmine e as servas cuidavam da condessa.

Despertando sob álgido suor, que a alagava, Isabella, lívida, balbuciou, olhando com vaga expressão o imprevidente moço louro:

— A entrevista... está... terminada... Ide-vos embora!

E novamente desfaleceu.

Giuliano, furibundo, olhou-a com indefinível expressão, indiferente ao pânico reinante, e acompanhado à carruagem pelo administrador, rilhou, azedo:

— Pagar-me-eis a ofensa. Sereis minha. Não perderei esta batalha. Veremos!

Tommaso, o velho administrador, mal podia crer no que escutava estupidificado.

Seguiu-o até o veículo, que partiu velozmente, com o indigitado filho de Bencescu, de Reggio, que mergulhava em inesperada alucinação.

Os homens fracos, que são fortes apenas na brutalidade, não sabem lutar, nem são capazes de examinar circunstâncias ou dignidades. Somente podem tomar, agredir... Por isso sua força é a sua fraqueza.

Tormentos excruciantes se avizinhavam.

7. NUVENS BORRASCOSAS SE AVOLUMAM

Isabella recuperou de imediato a lucidez, sob a carinhosa assistência do abnegado religioso, de Beatrice e dos fâmulos. Singular abatimento, todavia, prostrava-a. Conduzida à alcova, tentou repousar, o que redundou infrutífero. O singular acontecimento, desagradável sob todos os aspectos, martirizava-a. Sem dúvida, o atrevimento do visitante fazia-a pressentir que amargas aflições chegavam à sua vida e iriam irromper, irrefreáveis. Sinistros augúrios afligiam-na, parecendo corporificar-se, para culminar em processo de imprevisíveis tragédias.

O moço louro e audaz — aqueles olhos transparentes e azuis, que recordações lhe impunham?! —, gentil, mas repulsivo, provocava-lhe terrível mal-estar e fizera que irrompessem sentimentos propositalmente esquecidos e aparentemente sepultados, porém latentes e vivos.

Sentindo-se velada a distância por uma serva e pelo amigo religioso que orava, deixou-se conduzir por meio da imaginação convulsionada e sonhadora, e, sem dar-se conta, fugiu na direção da infância.

De origem modesta, ásperos haviam sido os caminhos percorridos na terra natal. Enquanto outras crianças corriam, gárrulas, fora entregue aos cuidados de abastada família para servir e conquistar um possível futuro menos atribulado. Obrigara-se a calcar as aspirações do período lúdico e superar dificuldades quase intransponíveis. Entre os serviçais, sentia-se igual aos filhos dos amos com quem brincava e aos quais servia.

Os seus atuais domínios refletiam as paisagens da meninice de angústias, venturas e dissabores. Elegida pela lubricidade do senhor, fora seduzida. Conhecera de perto a inquietação e, logo depois, ante os destroços dos sonhos de moçoila, o conúbio afetivo que lhe soube ele despertar. Belo e sobranceiro, terminou por conquistá-la, arrebatando-a. Graças à ternura de jovem inocente e afetuoso, nele se produziram expressivas modificações. Abrandou-se-lhe o temperamento irascível e alteraram-se-lhe os hábitos de comportamento, mesmo em relação a outras mulheres... Libertou-se dos compromissos irregulares e, apesar de ser a sua uma ligação ilícita, tornara-se tacitamente aceita.

Ele lhe concedera uma *Villa* nos arredores da cidade e ali passava noites e dias sucessivos, como se fora um lar estabelecido em bases morais e legais. Explique-se que o seu consórcio obedecera a interesses mais políticos e econômicos do que afetivos, vindo a se tornarem os cônjuges, ao fim de algum tempo, "amigos" que se detestavam recíproca e cordialmente.

A senhora, acostumada às costumeiras infidelidades conjugais do marido, não dera maior importância ao seu caso, até perceber-se preterida. Desprezada sempre fora, porém jamais substituída por uma serva que se fazia amar. (Sutilezas da argúcia, dos sentimentos femininos, capazes de inesperados lances e reações, na íntima problemática da urdidura afetiva!) Passou a detestá-la. Inda mais quando a soubera dignificada pela gestação, num prenúncio de maternidade que a faria impor a igualdade entre o seu espúrio e os filhos legítimos...

Vieram depois a calúnia soez, a perda do filho, a expulsão das terras amadas, o exílio imposto, as sombras espessas de uma morte em vida... Não pôde furtar-se às lágrimas e prorrompeu em convulsivo pranto, refreado desde muito.

O irmão Carmine acudiu-a:

— Acalme-se, menina! Tudo passou e terminará bem. Recolhamo-nos à reflexão, aguardando os acontecimentos, mas não os soframos por antecipação. Possivelmente os mal-entendidos resultarão aclarados e sorriremos todos, felizes, passadas estas horas abomináveis.

Isabella não podia externar o vazio, o imenso abismo da alma. A verdade é que o conde Lunardi lhe fora não um esposo, e sim um protetor... Amou-o, e respeitava-lhe a memória. Todavia, aquela afeição era calma, feita mais de reconhecimento e de ternura... Antes, conhecera o arrebatamento, embriagara-se na excitação dos sentidos, na paixão, quando ainda não havia entendido que o verdadeiro amor é dúlcido e calmo, repousante e digno. O primeiro companheiro significou-lhe, por isso, o arrebatamento dos sentidos, mas o segundo representou a paz da afeição.

O confessor conhecia-lhe o íntimo, desvelado em longas e edificantes conversações. Não parecia lícito afligi-lo na atual conjuntura. Reunindo forças, procurou refrear a emotividade desordenada e, pouco a pouco, vencida pela exaustão, adormeceu, enquanto o astro rei declinou, num incêndio de luz e cor, entre as nuvens irisadas e o infinito azul.

※

Giuliano mal podia domar a cólera. Ferido na varonilidade impetuosa, pela altivez da senhora, e perturbado na razão, encontrava-se prestes a uma crise apoplética, pela ira transbordante. E, como sói acontecer a tais temperamentos, próprios de espíritos inseguros, demandou um *albergo* e entregou-se a libações desordenadas. Presa de si mesmo, à medida que o álcool lhe exacerbava os sentidos em desalinho, irascível e blasfemo, terminou por agredir humilde serva da *tasca*, culminando o ato em escândalo que lhe poderia acarretar prejuízo e talvez a própria vida.

Aliás, é do talante dos cobardes e dos venais descarregar a pequenez moral na humildade dos que já estão vencidos pelas circunstâncias em que respiram, de modo a se afirmarem perante a própria fraqueza, sob a aparência de uma força que sabem não possuir.

Atendido pelo palafreneiro e pelo condutor da carruagem, foi conduzido ao palácio, semi-inconsciente, quando as estrelas já espiavam através da escumilha transparente da noite.

※

No dia imediato, o *reggiano*, recobrando a lucidez e repassando os surpreendentes fatos da véspera, não se perdoava a precipitação. Durante largo período convivera em Roma com as táticas diplomáticas e a dissimulação, fracassando pela imperícia, vítima da sofreguidão irreprimida.

Antes de erguer-se do leito, em demorada conjectura, chamou um escriba e ditou-lhe expressiva carta, na qual se desculpava, rogando o perdão da nobre senhora. Extravasava toda a angústia que o lanceava, narrando episódios comovedores da existência e rogando-lhe, por fim, permissão para retornar à herdade, prometendo brindar os ali residentes com a sua arte, no alaúde que tangia com rara sensibilidade. Era como se, transformado em terra crestada pela ardência do sol, necessitasse do orvalho com que reverdeceria, adornando-se de flores.

Selou a missiva, despediu um servo e preparou-se para novo dia. Em crescente inquietação, sobraçando expectativas, aguardou a resposta. Irresponsável, perdulário, supunha-se desculpado.

Os que menosprezam os valores éticos, na sua insânia, são incapazes de medir sentimentos e caracterizar atitudes em toda a magnitude. Desculpar-se, significa-lhes humilhação, como credencial para acesso a novos desatinos, a que se afeiçoam persistentemente. A distância que medeia entre uma agressão e uma explosão de generosidade é apenas a circunstancial da emotividade. Sem o necessário senso, dão aos fatos a tradução que lhes convém.

Cientificada da chegada do mensageiro, a condessa Lunardi mandou despedi-lo, mandando-lhe dizer ao seu amo que aqueles sítios lhe eram vedados e que não mais volvesse a importuná-la, abusando das prerrogativas de que se dizia investido.

Ato contínuo, reuniu o administrador, o sacerdote e mais alguns velhos amigos do clã, e nomeou um grupo para dirigir-se às autoridades, dando ciência do sucedido e solicitando providências, de modo a impedir novas e lamentáveis interferências.

Nuvens borrascosas se adensavam e o ar abafado que prenuncia calamidade asfixiava no solar.

※

Assegurado da inteireza moral da condessa e da mensagem que lhe enviara, Giuliano entregou-se a desordenada revolta. Não podia compreender a recusa, e crendo-se capaz de investir contra a dignidade pessoal e os invioláveis direitos de cada um, começou a urdir habilidoso plano, com o qual pretendia vencer a teimosia da dama cobiçada.

Ele mesmo não se sabia explicar a entranhada atração que ela exercia sobre os seus sentidos. Na tela mental revia-a, imponente qual uma deusa, e lhe tornava à recordação o seu desdém nas palavras de angústia e desespero com que o expulsara do seu lar. Em vez de experimentar compaixão, sentia o açular dos desejos e o descompasso da ambição retalhando-o por dentro. Encontraria, sem dúvida, uma solução. E, taciturno, mergulhou em infelizes conjecturas.

※

Efetivando, dois dias depois do incidente, as decisões adotadas, e ostentando as flâmulas com as cores de Lunardi, os representantes da condessa dirigiram-se ao governador de Faenza, e foram por ele recebidos em caráter confidencial, para apresentação da queixa contra o procedimento do lugar-tenente de César Borgia, e para exigir a consideração a que faziam jus os serviços prestados pela senhora à cidade. Impunha-se que o Castelo de Santo Ângelo fosse informado oficialmente, ou então seria encaminhada correspondência, por delegado especial, ao vencedor da Romagna, cobrando as promessas que ele fizera quando da rendição da cidade, tais como: proteger os direitos dos nobres e defendê-los de qualquer abuso, mediante um governo de justiça e benignidade.

Sem dissimular a preocupação, o governador, que não passava de mesquinho títere subalterno, tentou tranquilizar os emissários, prometendo interferir pessoalmente junto a Giuliano que, segundo pensava, fora vítima de transitório desequilíbrio.

Ante a seriedade dos representantes da Casa Lunardi, capitaneados pelo venerando sacerdote, de todos conhecido por meio da excelência das virtudes cristãs de que sempre dava mostras, ficou deliberado que tudo seria necessariamente aclarado e que a intrusão não voltaria a repetir-se.

Embora devesse ficar tranquilizada com o sucesso da ação junto à autoridade, Isabella continuava experimentando estranho martírio íntimo, insopitável receio. As noites se lhe tornaram tormentosas, inquietantes. Quando mergulhava no sono sentia-se vítima de dolorosos pesadelos, despertando abruptamente, coberta de suor. Tornou-se inapetente e diante da filha era tomada por contínuas crises de pranto, que não podia controlar.

Uma semana após o incidente, a bela mulher estava desfigurada. A filha, por sua vez, a fim de distraí-la, convidava-a a passear pelos arredores e, na idade da tagarelice, buscava apagar as impressões dolorosas que insistiam em afligi-la.

O amor possui incomparáveis e ignorados dons. As orações do afeto, proferidas por Carmine e os sorrisos de Beatrice, com a esponja do tempo conseguiram leni-la, fazendo-a esquecer, ou pelo menos deixar de valorizar, o dissabor. Todos no lar cooperavam para que a paz voltasse à senhora, infundindo-lhe confiança, inspirando-lhe alegria.

Ao cair das tardes seguintes, ora na carruagem aberta, ora a pé, mãe e filha passaram a jornadear além da porta de entrada da *Villa*, buscando as belezas crepusculares, enriquecendo-se da paisagem, espairecendo, atendidas pelo velho pastor que, diga-se de relance, não suportava mais as longas marchas, e por uma que outra serva. Isabella, no aconchego da filha, se foi recobrando do choque sofrido. Não, porém, de todo. Surpreendia-se com frequência pensando no jovem; revendo-lhe os olhos e a cabeleira loura, sedosa, anelada, percutiam-lhe nos ouvidos da alma os ecos daquela voz cativante e nervosa. Sabia-o muito jovem, e por isso não lhe compreendia o interesse. Não se encorajava a confessar os íntimos pensamentos ao sacerdote, procurando conselhos, porquanto ela própria não os podia definir. Complexas, perturbadoras, confusas ideias atormentavam-na. Momentos lhe acudiam em que desejava revê-lo... Inquietava-se então ainda mais, esforçando-se por expulsar a lembrança e libertar-se da perversa reminiscência.

Como nenhum outro fato desagradável tornasse a ocorrer nas semanas subsequentes, relativa calma passou a reinar na herdade e o incidente ficou esquecido.

Mãe e filha, então descontraídas, entregaram-se às tarefas normais e às excursões renovadoras, enquanto a tranquilidade antiga retornava.

8. TRAMA NEFASTA E DESGRAÇA IMINENTE

Como prometera, naquela mesma noite o governador solicitou a presença de Giuliano e admoestou-o acremente. Reprochou-lhe o comportamento, ameaçando notificar César quanto ao problema que se lhe figurava de grave importância e poderia tomar corpo, face à adesão provável das demais casas de Faenza à considerada viúva Isabella de Lunardi.

Fê-lo examinar o seu atrevimento, tendo em vista a atitude por meio da qual violara as sagradas regras da hospedagem dispensada às visitas, ali muito consideradas e tidas como questão de honra, e, sem delongas, proibiu-o de voltar àquelas terras ou tentar perturbar a dama, recatada, benquista e admirável pagadora dos impostos e tributos, fato que a colocava em destaque ante as autoridades locais e as de Roma.

O moço, aturdido e profundamente mortificado, buscava recalcar temporariamente as ilusões que se transformavam em alucinação irreversível, enquanto refletia sobre o processo mais eficaz de realizar quanto antes o desforço às humilhações de que se considerava vítima.

Intoxicado pelas dissipações, as coisas se lhe afiguravam conforme as medidas da licenciosidade que se permitia e aos demais.

Renascido no corpo para liberar-se de velhas tramas infelizes em que se enredara, apesar de solicitado, pela nobreza da senhora, a reflexões superiores, na sua desídia mais se facultava rebelar, transformando amor-próprio ferido em surda animosidade.

Semelhando-se ao ofídio que espreita a vítima inerme que avança na sua direção, o *reggiano* passou a vigiar com ferocidade a movimentação no burgo dos Lunardi, colocando como objetivo de sua felicidade a paixão desconcertante para a qual transferiu as aspirações e ansiedades.

Assim, pela insistente observação, a regular distância da casa, no cume de um cerro arborizado, inteirou-se dos frequentes passeios da família na hora crepuscular pelos campos imensos ao redor da herdade.

Espicaçado pelos propósitos inferiores que se desenvolviam num crescendo, planeou e pôs em paulatina execução uma tática especial que supunha infalível.

Dirigindo-se a Parma, sob pretexto de fiscalização, em nome de César, lá conseguiu contratar dois jovens mercenários de origem espanhola, sob a justificativa de, ele próprio, ter a vida defendida, em considerando a missão de que fora incumbido em Faenza e, extraordinariamente, nas cidades circunjacentes.

Uma semana após retornou, agora acolitado pelos ardentes e ambiciosos guarda-costas, aventureiros, amantes da baderna e da força, aos quais concedia liberdade quase total, por falta de misteres imediatos, e retornava ao posto de suas observações crepusculares, enquanto ultimava planos e conferia detalhes.

Aqueles dias mornos de agosto atrasavam a chegada da noite, que, mesmo vitoriosa, vestia-se de coruscantes estrelas, na transparência da atmosfera.

As passeantes, transcorridos quase dois meses do incidente desagradável, de nada suspeitavam, demorando-se cada vez mais e indo mais longe do lar, ante a esplêndida beleza do cair da tarde.

Giuliano, em intimidade com os mercenários, contratados por breve tempo, colocou-os a par dos planos que elaborava, informando ser aquele o único recurso disponível para lenir uma paixão avassaladora, e fê-los compreender a importância que atribuía ao cometimento para o qual os remunerava.

Obviamente não informara quem seria a vítima do seu abrasamento íntimo, apesar de suas confidências levianas aos sequazes.

Quando houvesse consumado o programa, acreditava que teria condições de tudo justificar, coroando de felicidade os resultados que ambicionava. Embora parecessem surpreendentes os métodos que utilizava, tais recursos eram habituais na época e muitos deles se aproveitavam para satisfazer desejos infelizes.

Preparava-se mentalmente, armando-se até da disposição de matar, se necessário, caso alguma surpresa viesse dificultar a realização do seu ardil.

Familiarizando os sicários com a região, de modo a que se pudessem evadir sem problemas, logo que isso se tornasse imperioso, alugou agradável e solitária *Villa* fora da cidade, onde desejava concluir a trama em desdobramento e lograr a ventura que lhe parecia justa.

A casa, cercada de pomar exuberante, espiava a pradaria a escorrer na direção do nascente, sempre renovada pelas cores cambiantes da luz do dia.

Esperava poder construir naqueles sítios a felicidade definitiva, caso os deuses não lhe negassem a dita incessante. Acreditava, sem dúvida, nos resultados ditosos da urdidura cuidadosamente planejada.

Fazendo-se acompanhar dos moços, prontos para qualquer urgência, Giuliano escolheu a ocasião em que mãe e filha saíram de carruagem, desacompanhadas, sem os servos e sem o sacerdote, tão seguras se sentiam nos seus bucólicos recreios, embora aqueles fossem dias maus.

Quando as vislumbrou desguarnecidas, indefesas, afastou-se pela via sinuosa, na direção dos montículos próximos, deu-lhes tempo, e seguindo-as, com os sequazes, surpreendeu-as quando já retornavam, álacres, joviais... Ostentando meias-máscaras, qual faziam os bandoleiros comuns, bandidos que também o eram, acercaram-se da pequena carruagem aberta, dominaram os animais e as ameaçaram.

— Nada vos acontecerá — disse o bandido, com a voz embargada pela emotividade incontrolável — se fordes dóceis e vos resolverdes a obedecer.

A distinta senhora fez-se lívida, estupidificada ante a ordem, enquanto Beatrice desfaleceu. A mãe procurou socorrê-la, enquanto um dos sequazes tomou das rédeas do veículo, após atar o seu animal à parte ulterior do carro, e, estimulado pelo senhor, disparou, a toda a brida, com a condessa e a filha vencidas pela surpresa infeliz, deixando espessa camada de pó pela estrada.

A noite se abatera totalmente quando alcançaram a *Villa*.

No momento da chegada, a senhora, estimulada por estranho vigor, recusou-se a descer, indagando de que se tratava: se de um sequestro para extorsão de dinheiro ou de quê.

— Ser-vos-á aclarado logo mais — retrucou o artista do alaúde, convertido em salteador — e de vós dependerá a imediata ou a difícil solução do problema. Nenhum mal vos acontecerá, a ambas, exceto se vos rebelardes.

Ouvindo novamente aquela voz de entonação arrogante, a condessa reconheceu-a, agora que se sentia mais revigorada, não obstante possuída de horror.

A necessidade de defender a filha conferiu-lhe, no entanto, surpreendente força moral para a luta, mesmo com a perda da vida física, se preciso.

— Dizei o que desejais, antes que a nossa falta seja percebida e em minha casa se estabeleça um alarme geral.

— Não haverá como vos encontrarem, porquanto aqui poderemos mesmo ser sepultados sem que o crime venha a ser conhecido... Entrai! Não discutamos inutilmente, retardando soluções que de vós somente dependem.

Isabella, apoiando a filha, mal conseguia sustentar-se a si mesma. Tremor angustiante assaltava-a, face à crescente premonição de iminente tragédia. Toda ela se transformava em um ser vencido. E junto à filha semidesfalecida, que se arrastava lamentosamente, foi ajudada por um dos asseclas de Giuliano até ampla sala após o *hall* de entrada.

A carruagem, com as alimárias, foi conduzida de volta ao local do sequestro e ali deixada, a fim de ocultar possíveis pistas, dificultando o aclaramento da ocorrência.

Conduzindo as vítimas à parte inferior da casa, que arranjara com certo cuidado, deixou-as em cárcere privado, sem maiores esclarecimentos, prometendo retornar no dia imediato para a elucidação necessária.

Sobre velha cômoda estavam frutos, uma bilha d'água, o indispensável para uma noite de repouso, se possível fosse, em tais circunstâncias, repousar.

Grossas velas ardiam naquele local de difícil aeração, adrede escolhido para evitar a bisbilhotice dos passantes, donde não se ouviriam gritos ou imprecações.

Isabella, percebendo que o seu verdugo se dispunha a sair, deixando-as prisioneiras, arremeteu, tresloucada, e agrediu-o, em estranha, violenta crise de ódio e lágrimas.

Mais estimulado, ante o desespero da dama cobiçada, o moço segurou-a, defendendo-se dos golpes desordenados, e assegurou, dominador:

— Haverá tempo, minha corça... Acalmar-vos-ei... Não se despreza nem se ofende um homem, quando ele ama! Amanhã regularizaremos tudo. Dormi. Asserenai-vos. Ninguém vos importunará, eu vos afianço. Repousai e tende calma, a fim de alcançarmos resultados felizes para todos.

— Mamãe! Mamãe! — suplicou, quase sem forças, Beatrice. — Venha para cá, mamãe. Esperemos!

— Apelo ajuizado, menina — retrucou o mascarado. — Dormi em paz, enquanto ultimo providências.

Fechou a porta à chave e as prisioneiras ouviram os passos das botas nas lajes, desaparecendo na distância...

※

Ante a ausência do inimigo e o silêncio assustador que se abateu sobre o cômodo em que se encontravam, as infelizes vítimas da trama hedionda abraçaram-se e prorromperam em desordenado pranto. Somente então se davam inteira conta da desventura que as surpreendia, sombreando de dor e luto as suas mais auspiciosas esperanças.

— Não pode ser real, Senhor Deus! — imprecava Isabella. — Não é possível! Este pesadelo passará depressa e despertaremos em nossa casa. Senhor Deus, Senhor Deus, que fizemos?!

Agachada, qual pequenino animal que busca amparo, Beatrice tinha as pupilas dilatadas e tremia descontroladamente. A cena do assalto era repassada na tela mental, sem cessar. O pavor crescente transformou-se em chispa de ódio, e, como se fosse vítima de uma alucinação, teve a visão de Giuliano à porta.

Incontinente, desembaraçou-se dos braços maternos, atirou-se contra a porta de velho carvalho, fechada, e blasfemando golpeou-a, repetidas vezes, ferindo-se e arrancando os cabelos.

Só a custo a genitora conseguiu acalmá-la, reconduzindo-a ao leito e acalentando-a com a esperança.

— Deve tratar-se de sequestro para resgate — afiançou, desejosa de crê-lo. — Pagaremos a soma que for exigida e tudo se normalizará. Depois, passadas estas horas, iremos para a capital e tudo ficará esquecido...

No íntimo, todavia, experimentava o recrudescer dos maus presságios que a assaltavam antes. Pensava no capataz, no frade, nos servos e tutelados, banhando a face com grossas lágrimas.

— Eu conheço, filha — disse vagarosamente —, o salteador. É o bandido que esteve em nossa casa há quase dois meses, recorda-se? Identifiquei-lhe a voz, reconheci os olhos do cobarde folgazão. Resgataremos nossa liberdade e lutaremos por justiça.

Enquanto tentava tranquilizar a filha e aquietar-se intimamente, a condessa, que por processo ignoto sentia conhecer o vândalo, esperava comprar a sua libertação e a de Beatrice, custasse a soma que fosse e de que imediatamente pudesse dispor.

Pouco a pouco, amolentadas pelas emoções descontroladas, foram vencidas pelo cansaço, mergulhando em fundo abatimento, enquanto a noite avançava na direção do novo dia.

❦

Tommaso foi o primeiro a preocupar-se com a demora da condessa e de sua filha.

Inquietando-se, mandou preparar um animal e saiu a procurá-las, em crescente aflição. Assomavam-lhe à mente incoercíveis angústias e, tomado por dolorosa apreensão, refez o caminho habitual por onde passeavam as damas, sem lograr encontrá-las.

Autoculpando-se por deixá-las sair sem companhia, o velho servidor ameaçava tomar atitudes drásticas se por acaso algum sucesso infeliz houvera acontecido.

Na *Villa Lunardi* o alvoroço se fez geral. Tocheiros ardentes, matilha colocada no pátio interno, servos em correria e alvoroço, sob o comando de frei Carmine, aguardavam o retorno do administrador para darem início às buscas. Tudo indicava que superlativa desgraça surpreendera a senhora e a filha.

Tommaso imediatamente despachou um mensageiro à cidade, a fim de notificar a guarda do governador e suplicar-lhe urgente ajuda, o mesmo fazendo em relação às famílias das redondezas. Depois, dividiu os fâmulos, ajudantes e posseiros, em grupos, e mandava proceder a minuciosa batida pelos arredores, enquanto chegavam os reforços.

O Conde de Lunardi sempre recusara manter soldadesca ociosa em casa, aguardando acontecimentos infelizes. Acreditava no valor moral do homem e, pautando os atos nas linhas austeras dos deveres, não duvidava de ninguém, senão quando os fatos atestavam a indignidade e o demérito daquele em quem depunha confiança.

As turmas, em grupos, a pé ou a cavalo, espalharam-se em todas as direções, empunhando archotes e gritando pelas desaparecidas, ao passo que Tommaso, em extremos de ira, jurasse intimamente não mais repousar enquanto não esclarecesse o ocorrido e se vingasse dos culpados. Esbravejava, imprecava e dava ordens aqui e ali.

Frei Carmine, que a tudo acompanhava em sege aberta, em razão da idade avançada, que não mais lhe permitia fácil movimentação, tomava parte no grupo capitaneado por Tommaso, que seguia a estrada real, entre a herdade e a cidade, dali seguindo cavaleiros a Forlì, Lugo e Imola, para notificarem as autoridades locais e oferecerem prêmios, em dinheiro, por qualquer informação que pudesse conduzir às pessoas procuradas, estivessem elas vivas ou mortas.

Passava da meia-noite quando chegaram as primeiras autoridades à *Villa*, ao mesmo tempo em que o grupo de

Tommaso retornava com a carruagem encontrada a esmo, na via de Forli, com os animais a pastar... Ficou claro que se tratava de rapto, pois não havia sinais que denunciassem homicídio ou outro tipo de crime. O capitão da guarda sugeriu, então, que se aguardasse a manhã, para um trabalho de devassa pelos sítios circunjacentes, porquanto, na sua opinião, ambas haviam sido vítimas de inesperado assalto, devendo estar com vida, que seria negociada a pesado tributo financeiro. Convinha, portanto, esperar...

Cansados, os demais grupos também retornaram, sem melhores notícias.

O sacerdote mandou abrir o templo e a longa vigília de espera, entre orações, jaculatórias e recitativos, teve início, na voz cansada e lacrimosa de homens e mulheres humildes, que as consideravam mortas, lamentando o lutuoso acontecimento.

Homens armados e proprietários das cercanias, em solidariedade prestimosa, acorreram ao solar e se uniram ao grupo policial, oferecendo serviços.

O dia amanheceu brumoso, já abafado e sombrio, com prognósticos pouco animadores.

De faces esfogueadas, os olhos traduzindo a alma ferida, Tommaso era o espectro da dor. Frei Carmine, em quem a fé era chama crepitante, não ocultava os seus receios e a desesperança tomava os espíritos em agonia...

※

Infâmias que tais, mesmo quando os seus autores conseguem permanecer incógnitos, não escapam à Divina Justiça. Insculpindo a ferro em brasa, na consciência, as calamidades perpetradas, seus hediondos executores podem anestesiar-se na embriaguez do cinismo e do disfarce, caminhando entre os homens, sem que deles se desconfie, nunca, porém, deixarão de resgatar os crimes que ocultam.

Quais flores do pântano, acabam sempre se erguendo do fundo da inconsciência, em que esperavam sepultar seus delitos, que assomam, em roxas marcas lepromatosas, até que se lhes esgotem os resíduos pútridos.

※

Filhos da Terra!
Antes que culmineis desatinos ou que vos acumplicieis com a criminalidade, estugai o passo, meditai! De que vos valerão algumas horas de loucura e vão desforço em troca de séculos de dor?! O erro macula os que lhe são servis. As pseudovitórias decorrentes da infâmia, da traição, e das conquistas indébitas, convertem-se em labirintos de sombra e dor, que se há de percorrer inelutavelmente. Nos dédalos da consciência ultrajada pelo crime a felicidade não reluz, nem sequer aparece qualquer salvador *fio de Ariadne*, que não seja o da justa reparação do mal perpetrado. Praticado o erro, consuma-se a autossentença, mediante a qual a paz se vê banida do espírito culpado e a harmonia do amor cede lugar às tormentas.

Bendizei a cruz, vós que ora caminhais fustigados pelo desconforto, pela soledade ou sob os vendavais da aflição!

Agradecei a dor retificadora e ponde o azeite da esperança na vossa lâmpada de resignação para a demorada vigília reparadora!

Hoje, sofrendo, resgatais torpes cometimentos que olvidastes, mas que não estão mortos na vossa consciência espiritual, nem ignorados pelo Divino Estatuto!

Não invejeis, à socapa, a dita alheia, nem desejeis mudar miraculosamente, ou por mercê de condenáveis métodos, a posição que ora desfrutais!

Enxugai as lágrimas e velai no altar da reabilitação! Vosso pranto atual tem nascente nas lágrimas que fizestes outros verterem e que agora vos chegam de retorno.

...Simultaneamente, há os que sorriem e são apenas espectros mascarados, no palco das diversões alucinadas. Fugindo à responsabilidade, avançam por sítios em que deambulastes e de cujas recordações inditosas gostaríeis de vos libertar...

Se lhes falardes, porém, das lúridas heranças que de lá trazeis, zombarão, tachando-vos de atoleimados religiosos ou mesmo de esquizoides.

Orai por eles, quanto por vós mesmos, os aliciadores da desonra, os capitães da iniquidade, e aprendei com a mansuetude do Filho de Deus a maravilhosa lição da felicidade sem jaça, da alegria sem mescla, da paz sem receio...

Do tumulto que desgoverna o mundo, cultivai a ponderação, refletindo antes de vos atirardes ao fosso da perversão ou dos agravos de reparação penosa.

O sorriso de um minuto não vale as lágrimas das horas sem conta que afligem a consciência em despertamento.

Antes, portanto, da agressão criminosa, da consumação da vindita, pensai!

Recordai o Justo sem débito, na cruz das misérias humanas, e imitai-o.

Houve ressurreição e glória, porque existiram Calvário e crucificação, traição e abandono... Não esqueçais!

Os que transpusemos a porta do túmulo, em vos asseverando estes conceitos, somos as personagens vivas dos dramas que a sepultura não apagou.

Se vos falamos, é porque desejamos a vossa felicidade.

Crede e esperai, confiantes no amor do nosso Pai!

Deixando as prisioneiras no lôbrego local que lhes reservara, Giuliano dirigiu-se com os asseclas à cidade, fazendo-se notar no grupo da soldadesca, na taverna que frequentava e no Palácio do Governo, engendrando álibi que o liberasse das suspeitas imediatas, assim que chegassem as alarmantes notícias do desaparecimento das proprietárias da herdade Lunardi.

Exteriorizando grande júbilo entre os amigos, graças às circunstâncias da empresa, que lhe prometia êxito, deixou--se permanecer entre os grupos ociosos, até quando o mensageiro de Tommaso alcançou o palácio governamental.

A notícia ganhou logo as ruas, como rastilho de pólvora a arder...

Giuliano e os seus assalariados foram dos primeiros a apresentar-se para ajudar na busca, dissipando, com essa atitude, possíveis suspeitas.

Quando o capitão alcançou o pequeno condado, os assaltantes faziam-se membros da justiça, em escabroso arremedo de solidariedade, com que, no entanto, não fugiriam de si mesmos, oportunamente, quando se lhes despertasse a consciência.

9. CRIME, SURPRESA E LOUCURA

O ar pesado, no cômodo que Giuliano preparara com certo esmero, para transformar em cela de prisioneiras, asfixiava, e fosse pelo estrugir das emoções desconexas ou pelo tempo desagradável, Isabella e Beatrice sofriam as tenazes do martírio, exsudando abundantemente.

A fadiga natural que as abatia não conseguira, todavia, conceder-lhes o lenitivo do repouso. Antes, produzia-lhes invencível mal-estar, como se transitassem, sobressaltadas, em sombria esfera de sonho aterrador.

Esforçando-se por vencer a depressão que a vitimava, a condessa logrou, com muito esforço, superar a prostração, de modo a coordenar as ideias, ajustando as peças desconhecidas daquele sórdido acontecimento.

Que desejaria, afinal, da sua fragilidade, o estranho moço louro? Na reclusão voluntária a que se entregava, desde a desencarnação do esposo, não voltara a aspirar a outro que não fosse o desejo de felicitar a filha, favorecendo-a com a paz que ela mesma sempre desejara fruir. Qual o sortilégio que colocava aquele estranho, repentinamente surgido, no caminho da sua dorida existência? Não experimentara da vida senão esperanças que se desvaneceram e alegrias que se esfumaram. Poucos e reduzidos foram os seus períodos de ventura — como se a ventura pertencesse à Terra! —, sempre superados por doridas cargas de inquietação e medo. Esse monstro insaciável, o medo, sempre se imiscuíra nas suas apreensões, cravando-lhe afiadas garras, e ela conhecia de perto o abandono, o desprezo, a miséria de vária ordem...

Olhando Beatrice, que parecia envolta em pesadelo e se movimentava, inquieta, na morna prostração que a derreara, não pôde sopitar as lágrimas. Não era, porém, o choro convulso que expele a lava vulcânica do espírito em ebulição. Eram as vertentes do sofrimento profundo, externando a mágoa inominável e o receio incoercível decorrentes da incerteza e da fragilidade de que se sentia possuída. Que aconteceria à filha adorada, caso o móvel do rapto não fosse o resgate, qual pensava? Não temia pela própria vida, antes receava pelo que poderia acontecer à filha. A incompreensão do que estava ocorrendo constituía-lhe superlativa angústia.

Pelo milagre das evocações, Isabella recordou outra amarga circunstância passada, quando padecera o tridente da suspeita e do banimento do lar, semimorta, pela crueldade de que fora vítima, e Deus, o Pai Onipotente, lhe colocara no roteiro a abnegação do frade agostiniano, que livrara do esquife para onde a sombra da morte a conduzia, ajudando-a a recomeçar, a refazer a trilha.

Sim — pensou com inesperado alívio —, o Senhor nunca abandona quem nele confia e se lhe entrega com devoção. (Pobre mulher, ingênua, nas ávidas mãos da impiedade, jornadeira de pretérito terrível, que lhe cumpria ressarcir sob a coroa do martírio!) Assim, com expressiva unção, ajoelhou-se e mergulhou o pensamento azorragado nas águas balsâmicas da oração.

Oh! O refrigério imediato da prece! Orar é alçar-se à paz, librando-se acima das torpezas humanas, antegozar as delícias do porvir, embora as cruezas e desmantelos do presente.

Embevecida na comunhão com Deus, dilatou-se-lhe a percepção psíquica, quando buscava sintonia superior (logo rompendo os condicionamentos grosseiros da limitação material, mediante o sofrimento sem revolta, que sutiliza as vibrações e eleva o espírito às augustas fontes da Excelsa Misericórdia), passando a experimentar desconhecido conforto na áspera conjuntura. Teve, então, a sensação de um repouso reparador, que lhe dominava os sentidos excitados e o corpo exaurido. Não perdeu, no entanto, a consciência.

Desconhecidas energias, dantes jamais experimentadas, fizeram-na deslocar-se do corpo, facultando-a ver-se a jazer no solo e, ao mesmo tempo, movimentar-se no amplo cômodo em que se encontrava encarcerada. Aguçando os *sentidos*, após a surpresa inicial, percebeu que a débil luz das velas não dissipava as sombras reinantes, que identificou, em breves momentos, povoadas de seres turbulentos, blasfemos e repulsivos, que acusavam a ela e à filha, com ditos mordazes e expressões ferinas, parecendo dispostos a agredi-las.

Antes, porém, que o terror a imobilizasse, suave, diáfana claridade emergiu da treva, assustando e afastando os pérfidos fantasmas. Envolvida pela exteriorização luminosa, renovou-se-lhe o ânimo. Não se refizera ainda do assombro, quando viu corporificar-se sublime personagem feminina, a conduzir o austero conde Lunardi, cuja presença de imediato lhe infundiu confiança e paz.

Sem compreender o fenômeno mediúnico a se desdobrar, arrojou-se, emocionada, aos braços fraternos e amorosos do esposo desencarnado e prorrompeu em soluços comovedores.

A Entidade, consternada, mas vigorosamente sustentada pelo Guia espiritual que a conduzia, envolveu Isabella em expressivo amplexo de ternura restauradora e expôs-lhe com meiga, porém segura inflexão de voz:

— É chegado o momento de sorver o cálice de fel, em testemunho reparador, que não podes transferir.

"Aquilato as rudes aflições que te vergastam, submetendo tuas frágeis forças ao relho da recuperação que rogaste, para a edificação do santuário de amor a que te dedicarás no futuro."
Enquanto lhe falava, com entonação de comovedor afeto, acariciava-a, reclinada que estava no seu regaço protetor. Isabella experimentava confortador refrigério que a lenia.

— A vida se desdobra — prosseguiu o esposo desencarnado — em sucessivos elos na corrente da evolução. Interrompe-se uma etapa, a fim de iniciar-se outra. A morte, à semelhança da semente que se despedaça para germinar, é vida que se desenlaça, compensadora. Além da sepultura as dores dos que sofrem desaparecem e as incertezas se convertem em segurança. Indispensável saber enfrentar as rudes provações, de modo a saldar os pesados tributos de sombra e desarmonia de que se foi causador.

"Não receies o testemunho rigoroso que logo te alcançará... É imperioso que a gema preciosa sofra a ação do buril que a lapidará, para poder refletir a pujança da luz e irisar-se. O mesmo sucede ao espírito: necessita sofrer a lapidação moral, a fim de limpar-se de quaisquer nódoas, sublimando-se pela renúncia e pelo amor, para ascender no rumo da bem-aventurança.

"Não te agastes com o atual agressor da tua paz, que ressurge da noite do tempo, transformado em arbitrário comensal da loucura, para fazê-las expiar o mal de outrora... Enquanto emerges na direção da liberdade, ele imerge nos sórdidos fossos da sombra e da agonia de longo curso..."

Fazendo uma pausa oportuna, de modo a facultar melhor entendimento a Isabella, não afeita a colóquios de tal magnitude, o consorte, afável, prosseguiu:

— A oração a que recorreste foi a ponte feliz para o nosso reencontro. É necessário esvaziar de ira o espírito, para repletá-lo de harmonia, e, nesse sentido, a prece é o filtro sublime para operações desse gênero. Permanece, portanto, apesar da natural angústia que continuará a lacerar-te ainda, por um pouco, rogando auxílio à celeste proteção, a fim de que não se interrompa o intercâmbio que a partir de agora encetamos e continuará... Não estarás sozinha na expiação. Ninguém caminha ao abandono, mesmo que aparentemente esteja só. As vítimas se alam para a luz, guiadas pelos Espíritos felizes, e os algozes se rendem à sombra ululante, jungidos às mentes escabrosas que os comandam... Estaremos a teu lado, sustentando-te e dando-te coragem em cada lance até o momento capital para o qual necessitas de forças redobradas...

Singularmente emocionada, ela o fitou, martirizada.

— E Beatrice, nossa filha?! — arguiu, com tênue fio de voz. — Que acontecerá à nossa menina?

— Deus proverá — redarguiu, sem ocultar a emoção que também o visitava —, arregimentando recursos salvadores, no momento azado. Está estabelecido que ela sobreviverá... Diverso é o seu rumo de aflição. Depois de tudo consumado, velaremos por ela e a ampararemos pelos sítios por onde seguirão seus pés cansados e sua alma sequiosa de redenção...

— Ajudai-me, doce companheiro — externou, comovedoramente —, na travessia do vale da sombra e da morte. Tenho tanto medo!

— Nada receies! — retrucou sereno. — Não se paga uma dívida além dos limites do débito contraído. Ninguém é compelido a carregar um fardo superior às próprias forças ou constrangido a sofrer senão a dor que corrige, disciplina e liberta. Portanto, não temas. A hora que se aproxima é de magnitude definitiva para todos nós. Jesus crucificado é o mesmo Amigo dos pescadores sofridos de Genesaré

e das mulheres desoladas da Galileia... Dele não ouvimos nenhuma queixa, nenhuma revolta, embora as circunstâncias penosas do seu martírio... Pensa nele e ergue-te a Ele, entregando-te com mansa submissão...
Nova pausa, e o visitante imortal concluiu:
— É claro que não se fazia imperioso que fossem essas as condições para o teu resgate, que de certo modo é meu também. Há outros meios de redenção de que se utiliza a Lei Divina, sem a interferência humana... No entanto, como cada um é livre para agir, Giuliano, enceguecido e tresloucado, coloca-se na infeliz condição que o fará purgar, em longo cativeiro, a precipitação e a insensatez destes momentos... Oremos por ele, quanto por nós próprios...

"Também eu só agora estou informado de tais elucidações sobre o mistério da vida.

"Nada mais te posso esclarecer, porquanto não tenho melhores informações. Bom ânimo! Agora, repousa em paz, a fim de despertares na realidade que logo advirá...

"Espero-te! Confia!"

Delicioso refazimento fê-la perder o medo, e aconchegando-se mais ao tórax do esposo desencarnado, mergulhou em repousante quietação.

As Entidades visitadoras, representando a resposta divina à angústia humana, tomaram Isabella e a filha, em parcial desdobramento pelo sono, e as conduziram à estância de paz espiritual, de modo a sustentá-las para os lances vindouros que se fazia mister sofressem, resgatando débitos cármicos de antanho.

※

Face à inquietação de que Beatrice dava mostras, Isabella despertou, com a manhã entrando pelas frestas da porta, no cárcere em que se encontravam.

Sentia, não obstante as dúlcidas vibrações que a percorriam interiormente, o ambiente asfixiante, impregnado do odor da cera e do fumo das velas, no recinto fechado, sem correntes de ar renovadoras...

Beatrice acordou estremunhada, retratando na face o desgaste físico e o abatimento moral que a venciam. Debilitada pelos tormentos que lhe irromperam inesperadamente, transformara-se num espectro aparvalhado, minada nas suas melhores energias, como que sugadas pela ulceração interior.

Sem dar-se conta realmente de tudo o que ocorria, recebeu da ternura materna a exteriorização da mansuetude e da coragem, hauridas durante o transe espiritual que vivera. Ao influxo materno asserenou-se e, apesar de esgotada, passou a experimentar alguma tranquilidade, ante a firmeza e serenidade da genitora que a animava com extremos de amor.

Assim estimulada, procedeu à sua higiene corporal e, amparada pela devoção materna, alimentou-se frugalmente com os frutos ali deixados pelo usurpador da sua liberdade.

— Tudo logo estará terminado — animou-a Isabella. — As circunstâncias más surpreendem todos os que transitam pela Terra, minha filha. A felicidade não são apenas os sorrisos, a saúde, as concessões da fortuna; são também a forma como se encaram os infortúnios, os desenganos, as aflições.

Sentindo-se inspirada e impulsionada para armar a filha, ante as ocorrências porvindouras que se lhe afiguravam trágicas, recompôs a voz e continuou em colóquio de afetividade:

— Não devemos valorizar demasiadamente as coisas infelizes que nos ocorrem.

"A ventura, como a desgraça, tem o valor que se lhe dá. Quando sabemos valorizar as rosas, respeitamos os espinhos

que as preservam das agressões. Por isso, convém que nos preparemos para todas as circunstâncias da vida. "Sempre estaremos juntas pelo amor que nos une. A aflição que nos martiriza não conseguirá aniquilar-nos. E se for necessário que eu morra para que você sobreviva, isso será para mim o mais alto galardão da vida." (Isabella estava transfigurada por diáfana claridade que a envolvia.)
— Mamãe! — exclamou a jovem, recobrando alento.
— Não me atemorize. Você é a força vital que me sustenta, o sol que me ilumina. Não percebe que tudo quanto lhe ocorrer, a mim própria sucederá? Se algo lhe acontecer, eu a seguirei ao túmulo...
— Cale-se, filhinha, e não blasfeme. O suicídio é ultraje sem reparação contra a Divindade. Bem sei que nada nos acontecerá; todavia sempre desejei falar-lhe sobre essa importante questão, e como o momento nos incita a reflexões mais profundas, não posso adiar o velho anelo... Gostaria de rogar-lhe que, se me acontecer algo fatal, você se faça a chefe do nosso clã, a lembrança ditosa da nossa passagem terrena: minha e de seu pai, prosseguindo a prodigalizar justiça e bondade, ornando o seu espírito com legítimos lauréis.

E refletindo nos momentos que viviam, continuou, com segurança e fé:
— O crime não pode destruir em nós os ideais da justiça; a mentira não tem credenciais para sombrear a verdade; a traição não é capaz de fazer-nos descrer da lealdade; a infâmia não consegue que menosprezemos os valores da confiança que nos devemos uns aos outros... Estas não são palavras deste momento, minha filha! Resultam de maduros diálogos com o nosso pastor Carmine, que a esta hora deve estar sofrendo tanto quanto nós, e que me afluem à mente, fáceis e lúcidas, como auxílio divino para enxugar o pranto abundante que nasce em nossos

corações lanceados... Persevere, haja o que houver, nos firmes ideais que lhe foram infundidos no lar, no Convento e em toda parte onde você tem vivido, porque a vitória do bem resulta da supremacia do amor, em todas as vicissitudes...

Enquanto falava, com blandícia na voz, o conde desencarnado e os Espíritos protetores ali presentes ministravam-lhes a terapêutica do passe, a fim de que a moça gravasse no imo da alma aquele colóquio que deveria ser inesquecível.

— Nunca nos separaremos, minha santa mãe! — contestou a jovem, em choro sofrido, mas resignado.

— Eu sei, minha filha, eu sei! — anuiu a genitora.

— A vida, porém, nem sempre transcorre conforme o nosso desejo. Quem poderia prognosticar-nos ontem as dores que ora nos cruciam, enquanto corríamos felizes pela várzea, sob as luzes da tarde esfogueada? Entretanto...

"O amanhã, pela mesma forma, é imprevisível.

"Minha menina agora amadurece. A idade física não é o mais importante na complexa conquista da sabedoria e da madureza. (Deu à voz diferente inflexão.) Pouco mais idosa do que você, por meu turno, fui impulsionada a experiências amaríssimas e sobrevivi, apreendendo de chofre, em pouco tempo, o que muitos não logram em sucessivos anos de aprendizagem... Agora, chega, da mesma forma, a sua vez, e assim será, sucessivamente, enquanto 'o amor não abraçar todos os homens como irmãos', como afiança o nosso confessor."

A conversa, em modulação de despedida e com a força da coragem advinda da esfera espiritual, alongou-se como uma pausa na trama inditosa em desenvolvimento.

No entanto, sem fim são os minutos da amargura e indescritíveis as emoções de quem aguarda o imprevisível.

Tempo e espaço ali pareciam eternizar-se num infinito de expressões e sensações intraduzíveis...
Envolvidas pelas vibrações poderosas da Espiritualidade, mãe e filha esperaram, sob a constrição da incerteza, os acontecimentos porvindouros.

※

Antes que o dia se firmasse, aos primeiros clarões da alva, grupos armados, com matilhas adestradas, como em preparativos de caça, sob a orientação do capitão da guarda, foram distribuídos pela região.

Giuliano, com os asseclas que se apresentaram, desde que a notícia tomou de surpresa a cidade, não pôde libertar-se da franca animosidade de Tommaso, que o encarou fria e colericamente, acusando-o de possível autor do rapto, por ter sido a única pessoa a haver criado problemas naquela casa.

O bandido, hábil no disfarce, desafiou o opositor a prová-lo ou enfrentá-lo naquele momento mesmo, quando esperava lavar a honra maculada pela crua suspeita.

A interferência de prestimosos circunstantes impediu nova desgraça. Todavia, a instâncias do administrador e do sacerdote, os serviços do *reggiano* e o de seus assessores foram dispensados.

Nada podendo fazer, os jovens retornaram à cidade e, após algumas rodadas de bebidas, numa tasca, buscaram o leito. Giuliano, porém, estimulado pela crescente ansiedade, aguardou no leito a chegada da noite para retornar à *Villa*, sequioso de consumar o plano hediondo que o desgovernava.

Enquanto isso, todos os sítios, nos arredores de Faenza, eram vasculhados, e nenhuma explicação parecia válida, exceto a do rapto bem trabalhado, por vingança ou para resgate mediante elevada soma...

Todos estavam aturdidos.

Ao cair da tarde e com a chegada da noite, sob fadiga pesada, ninguém possuía qualquer informe ou pista que esclarecesse o caso.

O desespero tomara conta dos servos da casa e o desânimo já diminuía o ardor dos cavaleiros mais audaciosos. Falava-se de alguma quadrilha organizada que, possivelmente, iniciava com aquele uma série de perigosos sequestros, contra os quais todos se deviam acautelar...

Tommaso, porém, insone, mal alimentado e de cenho carregado, convocou as pessoas relevantes para uma reunião, a fim de definir providências. Relatou, passo contínuo, o incidente provocado por Giuliano e a frase que este deitara à saída, odiento, acrescentando que apenas aquele estranho cruzara o portal da *Villa* no último ano. Suas suspeitas se fundamentavam ainda mais, agora, quando eles aparecera, prestimoso, para ajudar, acolitado pelos *marranos* estrangeiros, assalariados, de que se cercava. Propunha ao capitão submeter os mercenários a rigoroso interrogatório, porquanto tinha a certeza de que, com eles, muita luz se projetaria nas sombras do caso. Aqueles eram os únicos estranhos que visitavam a cidade, habitualmente calma, e portanto, os suspeitos naturais, ante os fatos que se desenrolavam.

Frei Carmine concordou com as ponderações de Tommaso, opinando fossem tomadas urgentes providências, face à premência de tempo, antes da culminação de alguma desventura maior: a morte das prisioneiras ou a fuga dos assaltantes.

E acrescentava que, meditando, chegara à rude conclusão de que o crime fora cometido por alguém que observou os hábitos das vítimas, as suas usanças ao entardecer, e que tudo fora consumado de surpresa, porquanto no veículo não se encontraram sinais de luta, nem mesmo as alimárias davam mostras de excessivo cansaço, como ocorreria no caso de uma perseguição.

Os ouvintes concordaram de pronto que se mandasse buscar os guarda-costas de Giuliano, de modo a, comprovada a trama, tomar-se atitude contra o legado de César Borgia, e então justiçá-lo, após salvar suas vítimas.

O capitão, acompanhado de alguns policiais, volveu à cidade, notificou o governador sobre as ocorrências e, sem qualquer dificuldade, prendeu os estrangeiros, conduzindo-os, manietados, à Villa do Conde Lunardi.

A noite ia avançada.

Os ânimos se reacenderam, exaltados, e quando a escolta chegou, trazendo os prisioneiros, ouviram-se gritos apelando para o linchamento puro e simples, enquanto pedradas zurziram no ar.

꽃

Na trama do desespero, os maus fados espicaçam suas vítimas e as exaurem a golpes de contínua alucinação, sem conceder-lhes trégua que lhes facilite o discernimento. Aberto o caminho da desonra e iniciado o mergulho no pélago do ódio, todo impulso se faz no sentido de maior comprometimento, em quase irreversível desequilíbrio.

Giuliano, telecomandado por infelizes fomentadores da desdita, que o dirigiam psiquicamente, na condição de obsessores odientos, seus e das vítimas que ele retinha, irrompeu de inopino na cela particular congestionado. Digamos sem titubeios: possuído pela lubricidade e vitimado pelos inimigos espirituais que o sitiavam desde há muito, gélidos adversários que eram da condessa e de sua filha.

Em todo conluio criminoso enredam-se, em tecedura complexa, as mentes dos homens com as dos desditosos

Espíritos desencarnados que os influenciam, às vezes de modo tão seguro que se pode dizer que são estes que comandam aqueles, que sendo algozes, são também vítimas de outras miseráveis mãos.

Deixara Giuliano que a noite chegasse, objetivando vencer pelo cansaço a resistência das vítimas e acautelar-se para evitar suspeitas.

Quando as mulheres indefesas o viram chegar, não conseguiram dominar-se, abraçando-se sob compreensível pavor.

Exibindo o sorriso cínico que é o esgar da paranoia, sentou-se em silêncio, possuído de súbita frieza, tal como um animal feroz que contemplasse as suas vítimas.

Experimentava com esse gesto a néscia vitória da covardia sobre a fragilidade que lhe sofria o domínio vingador.

O silêncio era quebrado apenas pelo descompasso da respiração das prisioneiras. Os minutos eram então ilimitada dimensão do tempo que pareciam sem-fim.

Seguro do triunfo e dele ufano, falou, medindo as palavras:

— Tudo está conforme planejei. Não há por que temerdes. Esta é uma empresa de paz, e não uma luta de destruição. Se concordardes, senhora, com os termos que vos proporei, facilmente regularizaremos a situação e todos seremos felizes. Foi este o único recurso de que me pude utilizar a fim de falar-vos, já que recusastes os meus pedidos de desculpas, impedindo-me qualquer outra entrevista. Que fazer, então? Quando a estrada está interrompida e se é obrigado a avançar, qualquer caminho é abençoada saída.

Fez uma pausa. Isabella não enunciou qualquer palavra; nem sequer desprendeu-se da filha que a apertava, tremendo, em vigoroso amplexo, mas, sob o influxo dos Benfeitores invisíveis, mantinha-se calma.

— Poderia ter sido diferente — prosseguiu —, mas não o quisestes, Sra. Eu vos amo e vos terei por qualquer preço...

— Mamãe, que horror! — balbuciou Beatrice, interrompendo-o.
— Acalme-se, minha filha — redarguiu a genitora —, ouçamo-lo até o fim, para saber o que ele nos quer impor.
— Fácil, senhora condessa — apressou-se. — Almejo o vosso amor. Tenho tudo planejado. Ouvi-me: evadir-nos-emos logo mais, ao amanhecer, rumando para Roma, onde nos espera a felicidade. Disponho de uma carruagem pronta e de dois mercenários que serão a nossa guarda. Ninguém nos alcançará. Sou senhor da situação. Antes que se refaçam do cansaço e da surpresa, estaremos longe. César nos receberá e dar-nos-à segurança. Nenhuma embaixada daqui resgatar-vos-á, nem me prenderá, mesmo porque então já me amareis. Vossa filha poderá seguir conosco, ou ficar, segundo vos aprouver. Ficando, viremos buscá-la mais tarde, após apagadas as primeiras impressões destes acontecimentos. Lá disporemos de tudo e sereis rainha...
— Arrematada loucura, meu jovem — obtemperou —, Roma não me seduz, nem os seus recreios e os seus luxos. Sou mulher simples, do povo, embora guindada a uma situação de destaque e possuidora de um título por herança conjugal. Nada mais. Não vos amo e esforço-me por compreender-vos, o que, porém, não consigo. Creio-vos enfermo.
— Não me ofendais!
— Impossível para mim ofender-vos. Inspirais-me compaixão.
— Não necessito da vossa piedade. Antes exijo o vosso amor.
— Jamais o tereis. Nada me atrai em vós. Enquanto desabrochais para o viço, eu emurcheço, na direção do túmulo.
— Quero-vos, assim mesmo. Sereis minha, nem que eu vos tenha de matar. A outro não pertencereis.

— Sois um louco impenitente. Respeitai minha filha, o único, o último amor de minha vida...

Beatrice, incapaz de suportar o que ocorria e debilitada pelas emoções superlativas, foi acometida de súbita alucinação. Gritando, desprendeu-se do regaço materno, transtornada, arrojando-se contra Giuliano e agredindo-o.

Como um felino, o moço desviou-se, segurou-a furioso e aplicou-lhe nas faces um par de bofetadas, para em seguida esganá-la e atirá-la ao solo.

O sangue jorrou, abundante, pelas narinas da moça, que caiu desmaiada.

Sacudida por violenta convulsão, ao ver a filha tombada, Isabella arremeteu contra o desgraçado, gritando:

— Jamais me tereis. Mil vezes a morte ao vosso nauseante contato. Deus fará justiça, bandido!

Impossibilitada de atingi-lo, debatia-se nos braços dele, soluçando. Libertando-se momentaneamente, dobrou-se sobre a filha que sangrava, tomou-lhe a cabeça ao colo, mas não a pôde socorrer porque, em incontrolável desespero, Giuliano arrastou-a para o leito e, golpeando-a, investiu contra a sua honra. Com as forças redobradas pela insânia, dominava a angustiada mulher que, impossibilitada de livrar-se, chorava compungidamente:

— Oh! Deus meu! Salvai-me, meu Deus!

— Sereis minha. Ninguém me dá um não, impunemente. Amo-vos!

E batia em Isabella, desesperado e vil.

Semivencida na luta desigual, a condessa desvencilhou-se, num movimento brusco, e dirigiu-se para a filha, que despertava no solo, abraçando-a.

Então, espumando de ira, Giuliano sacou de um punhal, mediu as duas mulheres à luz das velas, no lusco-fusco da chama tremeluzente e grunhiu:

— Ela é o vosso único e último amor? Pois bem: retirá-la-ei do meu e do vosso caminho!

O rosto congestionado, com um filete sanguíneo no canto da boca em rítus, avançou com a arma fortemente segura e tentou golpear Beatrice.

Isabella, no entanto, num impulso hercúleo, antepôs-se, e a lâmina da arma cravou-se-lhe no peito.

Cego pela ira, o vândalo repetiu o golpe e o instrumento penetrou reiteradas vezes no colo da mulher, que tombava ensanguentada, enquanto a filha, novamente vencida pelo estupor, jazia sem sentidos, no solo.

Dando-se conta do que fez, o *reggiano*, acometido de terrível tremor, dobrou-se e ergueu a mulher, que se esvaía em sangue, prorrompendo em incontrolável pranto:

— *Disgraziato, disgraziato!*
— Que fiz eu? *Perdonami, perdonami amata! Mia ben amata! Ascoltami!*

Isabella, ofegante, descerrou as pálpebras. O sangue lhe descia também pelos lábios. O suor abundante e gelado lhe inundava a face e o corpo dorido. Quase não via nada.

Segurando-a, na loucura que o acometeu, Giuliano viu o trancelim de ouro que ela trazia ao pescoço. Pendurada nele, uma joia coruscante era rodeada por pequenas e fulgurantes pedras preciosas.

— Beatrice!... — chamou a moribunda.
— Não vos pode ouvir; está sem sentidos.
— Não a mateis... Por Deus, eu vos suplico... É inocente! Necessita viver! Eu, sim, sou pecadora... Resgato os meus erros de mulher...

A voz saía-lhe apagada e rouca.

Subitamente Giuliano recordou-se da joia. Sim, a conhecia.

— Quem vos deu o trancelim e a joia, quem? — perguntou.
— O homem... que amei... em Reggio e foi o pai do meu filho... Bencescu...

— Bencescu? (Os olhos quase lhe saíram das órbitas e a baba pegajosa fez-se-lhe abundante na garganta túrgida e ressequida.) Sois de Reggio?
— Sim, sou de Reggio...
— Vosso nome?
— Anamaria Ponti...
— *Allora, sei mia mamma!*
— ?!
— Disseram-me que estáveis morta. Papai... Ai!... (Era agora um animal mortalmente ferido.)
— Sim!... Mandaram matar-me e pensaram consegui-lo! Frei Carmine... encontrando-me à morte, salvou-me... Conscientizando a terrível realidade, bradou, desesperado:
— Mamãe!... Mamãe, perdoai-me!
— Filho, meu filho!... Eu *sentia* que vos amava, mas não sabia como! Faz frio, meu filho... muito frio... Beatri...
A cabeça pendeu. Estava morta.

Giuliano circunvagou o olhar esgazeado e, ato contínuo, tomou da mesma arma e desferiu segundo golpe no próprio coração, caindo ensanguentado ao lado do cadáver da mãe e perto da irmã desfalecida.

O quarto asfixiava, e o odor do sangue, misturado ao do fumo das velas, era como o hálito da morte.

Giuliano contava, então, vinte e cinco anos.

10. A PRIMAVERA REFLORESCERÁ O CORAÇÃO OUTRA VEZ

Submetidos os jovens mercenários a rigoroso inquérito, no qual não faltaram agressões e ameaças de mais rudes métodos, conseguiu-se minudente confissão, na qual Giuliano assomava como o real verdugo da Casa infelicitada. Narrando com detalhes a trama de que tomaram parte, terminaram por elucidar que a condessa e sua filha encontravam-se vivas, aprisionadas em *Villa* próxima, estando em pauta a fuga para aquela ou para a noite imediata.

Ante a narração do odioso plano, os ânimos se exaltaram e, não fosse a intervenção do capitão da guarda, Tommaso teria dado cabo daquelas vidas perniciosas, tal a cólera que o dominou abruptamente.

Incontinente, os moços foram empurrados para as alimárias paradas no pátio, e logo se formou um grupo encolerizado que partiu a galope, guiado pelos estrangeiros. Frei Carmine, sem esconder a inquietação de que se via possuído, correu à carruagem que seguiu os cavaleiros.

Crescente angústia assaltava o velho monge, que, não obstante acostumado às vicissitudes, pressentia irreparável desgraça. Enquanto o coche sacolejava pela estrada maltratada, ele procurava o refrigério da oração, sem conseguir, porém, acalmar-se suficientemente.

Meia hora depois, chegaram à casa que Giuliano alugara, afastada da estrada real e em sítio discreto, cercada de árvores frondosas.

Sob vozerio exaltado e imprecações sucessivas, os prisioneiros conduziram o capitão, seus soldados, Tommaso e mais alguns senhores, residentes nos arredores, ao corredor subterrâneo e à câmara onde as cativas foram deixadas ao anoitecer do dia anterior.

Forçada a velha porta de carvalho, deparou-se a cena hedionda: a condessa, morta, estampava no semblante de cera uma máscara de indescritível sofrimento. A seu lado, o bandido jazia vitimado pela arma ainda cravada no peito. O sangue coagulado, em derredor, completava a cena, produzindo náuseas. Um pouco afastada, com o olhar esgazeado e a fisionomia embotada, Beatrice despertava da inconsciência em que caíra, sem clara noção dos acontecimentos.

Aqueles homens rudes, acostumados a cenas dolorosas, não puderam dominar as lágrimas. Os próprios empregados de Giuliano, aliciados para o rapto, mas que não esperavam tal desfecho, caíram de joelhos. Subitamente o clamor da revolta fez com que Tommaso investisse contra o cadáver do *reggiano* e o agredisse a pontapés, numa terrível explosão de vandalismo, sendo contido em sua fúria pelos circunstantes. Então, os ódios se voltaram contra os levianos mercenários.

Nessa hora, esfogueado e suarento, o frade irrompeu na câmara da tragédia, e diante do horror que quase o fulminou, impôs respeito, ajoelhando-se ante os cadáveres e dando início ao *ofício* pelos mortos. A seguir, tomou Beatrice, com extremado zelo, e ajudado por alguns servos introduziu-a na carruagem, expedindo ordens para que viesse uma carreta, a fim de trasladar o corpo da Sra. Condessa Isabella de Lunardi, a ignorada Anamaria, de Reggio, à sua casa.

Estranho sortilégio ou austero impositivo da Lei! Os dois destinos: o da mãe caluniada e roubada ao filho, por este assassinada sob estranha paixão; e o do filho, que ignorava a sobrevivência da genitora, vitimado por suicídio nefasto!

Arrastados para fora da casa, os jovens foram condenados sumariamente ao enforcamento, como responsáveis pela tragédia, agindo todos sob a insuflação da ira de Tommaso que parecia enlouquecido. Foi porém, novamente, a serenidade cristã de frei Carmine, que impôs equilíbrio à situação, dizendo:

— Não enlutemos ainda mais estes sítios, tornando-nos tão bandidos quanto estes infelizes criminosos. Entreguemo-los à justiça regular, a fim de que sejam julgados como de direito. Matá-los não fará que sobreviva a senhora; pelo contrário, estimularíamos a desordem e nos faríamos bandoleiros, homicidas também. Cuidemos de sepultar os mortos e velemos pela menina sobrevivente.

— Que faremos com o cadáver do assassino? — interrogou alguém.

— Sepultem-no no bosque, em cova rasa — respondeu o sacerdote —, pois não vamos abandoná-lo aos lobos e às aves de rapina. É também atitude de piedade cristã que devemos ter para com os inimigos, como predicou Jesus, não obstante seja um monstro como esse...

Voltando-se para o capitão, que parecia aguardar ordens, e considerando a impossibilidade de atitudes conexas por parte de Tommaso, o frei apressou-se a esclarecer:

— Infelizmente, senhor capitão, a empresa culmina em sangue, luto e dor... Peço-vos dar ao Sr. Governador a devida ciência dos fatos ocorridos. Iremos velar o corpo da senhora até amanhã ao entardecer, quando será inumado, na capela da herdade.

E contemplando os jovens, que se mostravam aturdidos, concluiu:
— Cuidai do destino deles. Agi com serenidade e justiça. Um crime não justifica outro. De certo modo, esses rapazes são também dois infelizes, colhidos nas redes da própria loucura. Podeis ir!

A noite de intérmina agonia continuava atra. Providenciou-se o sepultamento de Giuliano, sem cerimônia de qualquer natureza, porquanto o suicida não recebe o perdão eclesiástico. O corpo da pobre dama foi transferido para o burgo do seu falecido esposo e colocado em catafalco armado para as horas de vigília e oração.

No andar superior, Beatrice continuava sacudida por crises de choro e constantes convulsões, embora a assistência carinhosa do frade e o desvelo das servas houvessem conseguido arrancá-la do alheamento provocado pelo choque, para as duras, mas salvadoras realidades do sofrimento. Desarmada para as circunstâncias, não podia ela compreender as ocorrências, passando a sofrer doloroso processo de perturbação mental, que a debilitaria por algum tempo, desde aquela noite hedionda.

※

O Conde Lunardi, em espírito, acolitado pelo seu anjo guardião, seguiu os lances terríveis que se desenrolaram a partir da sua chegada à câmara do improvisado presídio. Assim, não se pôde furtar de também sofrer a agressividade doentia do moço contra a esposa e filha, caídas na armadilha do pretérito culposo, de cujos débitos deviam reabilitar-se.

No momento da fúria do jovem louro, teve a sensação de que se lhe arrebentavam as resistências. A vigilância do mentor espiritual, porém, sustentou-o para o momento em que viu a esposa tombar, traspassada pela afiada lâmina da arma assassina, reiteradas vezes acionada. Viu também o homicida a debater-se em poder da malta de Espíritos criminosos que o dominavam e percebeu que da turba infeliz, que demonstrava sede de sangue, como se fosse formada por vampiros terríveis, se destacava Grazia, a jovem úmbria que desde a desencarnação, por um mecanismo sutil da mente, se vinculara a Giuliano.

Sem dar-se conta da própria situação, ela baldoava, inquieta e sem suficiente lucidez para compreender os tenebrosos acontecimentos que ali ocorriam...

No instante em que a condessa identificou o filho, no auge da tragédia, descarregaram-se-lhe as reservas do medo e da revolta, e, ante a evocação do amor, todo o passado ressuscitou, dulcificando-lhe os minutos finais na roupagem orgânica. Nem sequer lhe advieram preocupações com a filha. Sabia, pela informação que recebera no desdobramento espiritual, que ela sobreviveria e seria amparada. A emoção de reencontrar o filho, pouco lhe importando as circunstâncias, fez-se-lhe sublime lenitivo para as dores.

Por isso o amara! — pensou. — Quando o viu à entrada de sua casa, reviu o amor da sua juventude: o visitante era o amado de outrora, no esplendor da mocidade. Sem saber por que magia o moço louro viera ao seu lar e intuída, desde aquela hora, do sofrimento que experimentaria, tomara a decisão de o não ver mais, poupando-se às dores que previa insuportáveis...

Ao chamá-lo de *filho*, naquele momento extremo, a ternura de mãe atormentada arrebentou as amarras que a atavam violentamente ao corpo, e ao mergulhar na inconsciência que a desencarnação lhe produzia, foi recolhida pelo esposo fiel que a aguardava, emocionado, no portal da vida nova.

No regaço do amigo desencarnado, experimentou o júbilo do reencontro e o repouso capaz de acalmar-lhe as angústias e as apreensões daquelas horas de aspérrimas dificuldades.

Conduzida pelo devoto esposo e pelo seu guia espiritual a sítio diverso daquele, mensageiros encarregados da libertação total dos liames físicos ali continuaram desenovelando os fluidos e laços retentivos, a fim também de impedir o vampirismo sobre as suas vísceras, em face da presença de Espíritos vulgares e doentes, participantes da tragédia múltipla.

Expulso do corpo pela ruptura violenta de órgãos vitais, o tresloucado homicida-autocida, sem perder *in totum* a consciência, foi arrebatado pelos delinquentes desencarnados em cuja companhia se comprazia e passou a sofrer processo de vampirização de longo curso, em que iria sucumbir inúmeras vezes, para despertar tantas outras, até que o tempo, em nome da Lei, lhe conseguisse experiência nova na carne, depois de processos abortivos que lhe desadensassem as energias deletérias que o intoxicavam...

...Por fim, muito mais tarde, retornaria com segurança à Terra, em cenário novo, abençoado pela hanseníase, para recomeçar a luta com o nome de Lucien...

※

Sob sentidas comoções e demoradas preces, a vigília ao corpo da condessa culminou nas exéquias e na inumação ao lado dos despojos do esposo, na humilde capela em que frei Carmine ainda por algum tempo oficiaria, entre saudoso e emocionado, com lágrimas de evocação à filha adotiva do coração devotado.

Beatrice por longos meses esteve dementada, despertando, vezes que outras, sem conseguir libertar-se da constrição mental provocada pela desgraça que a desagregava interiormente.

Com as preces e a devoção do religioso, a fidelidade de Tommaso e de alguns servos, e a assistência de sábio herbanário, sob a misericórdia do Alto e com o abnegado concurso da genitora desencarnada, Beatrice recuperou pouco a pouco a saúde. O tempo se encarregou de dulcificar-lhe as dores acerbas e a encontrar no matrimônio, anos depois, a recuperação das energias gastas, facultando ao clã dos Lunardi a dádiva de continuadores nos sítios prósperos de Faenza...

A lei, por seu turno, alcançou os *marranos* aprisionados fazendo-os resgatar, nos corpos jovens, os delitos da juventude insana...

Na cronometria majestosa da Divina Lei, retornaram mais tarde as mesmas personagens ao palco das realizações humanas, para o recomeço enobrecedor. Isabella tomaria o corpo de Myrian Vasconcelos, a fim de ajudar Lucien, seu antigo filho e verdugo, a suportar as ulcerações lepromatosas, por meio das quais muito teria que expungir.

O Conde Lunardi ser-lhe-ia novamente o esposo afeiçoado, que a precederia no berço e no túmulo, deixando-a, todavia, investida na sublime fé espírita, para poder semear estrelas pelos caminhos, no exercício da iluminação das consciências.

O velho amigo espiritual igualmente tornaria à mesma ribalta, agora na trilha do Consolador, ajudando-se e auxiliando os antigos membros da família, em busca da redenção libertadora que o futuro, por fim, se encarregará de conceder a todos nós, que pretendemos seguir resolutos as pegadas do Inocente crucificado, que até hoje constitui o exemplo máximo da vitória do bem, da luz e do amor, de que o mundo tem notícia.

Na esteira das vidas sucessivas, continuam as tramas da evolução, com as suas enérgicas advertências.

Em cada primavera de bênçãos reflorescem sobre os charcos das paixões os lírios da paz, cujas ramas verdejantes simbolizam a esperança que nunca nos deve faltar, mesmo quando tudo parece abismo e lodo sob os nossos pés. Nessas primaveras de misericórdia, reflorescem também os corações.

Livro Terceiro
Libertação Feliz

1. REENCONTRO EM CAMPO DE LUZ

"...Em verdade, em verdade te digo, que se alguém não nascer de novo, não pode ver o Reino de Deus."
(JOÃO, 3:3.)

Quatro séculos! As dimensões *tempo* e *espaço* constituem limites para demarcar estágios e situações para a mente, nas faixas experimentais da evolução. À medida, porém, que o espírito progride, se lhe ampliam tais conceituações, e ele adquire incalculáveis percepções de infinito e eternidade, superando as linhas de que necessita para localizar e localizar-se.

Pelos impositivos reencarnatórios, todo ultraje que se comete se há de resgatar, embora não necessariamente numa reencarnação imediata ou muito próxima após o gravame cometido.

O atentado à Lei se insculpe no espírito, sensibilizando-lhe o perispírito, ou psicossoma, na direção da sede da alma, e dali repercutindo, por meio dos tecidos sutis da estrutura espiritual, no próprio corpo somático. Dia surge no qual irrompe, sob a forma de limitação orgânica ou deformidade teratogênica, distonia emocional ou paroxismo nervoso, ulceração maligna ou câncer traiçoeiro, ou então mediante estranhas constrições morais, amargas conjunturas ou restrições sociais, financeiras, sexuais ou familiares, pelas quais a iniludível justiça da vida alcança os seus defraudadores.

Com invulgar licitude asseverou Jesus a necessidade de "nascer de novo", a fim de que se paguem as dívidas inteiras, moeda a moeda, até que, liberado, o devedor alcance o Reino dos Céus, que implantará, por meio da autopurificação, na própria consciência.

Pode dar-se o resgate reequilibrador na etapa seguinte, ou ocorrer em escalada futura, mas ninguém ludibriará a Justiça.

Num avatar, o espírito, se erra, também pode descartar-se de mazelas outras, adquirindo valiosas experiências, que armazena para momento próprio, registrando-as em seu mapa evolutivo.

Numa encarnação adquire-se determinada expressão de vitória, não obstante os equívocos que se perpetre. Somadas as realizações dignificantes e subtraídas as dívidas, transfere-se o saldo, positivo ou não, das conquistas pessoais.

Trasladam-se de uma para outra vida realizações e problemas, aquisições e perdas, que ressumam oportunamente, quando se fazem favoráveis as circunstâncias, do que decorre o adágio, segundo o qual "Deus não concede fardo superior às forças de quem o carrega".

Como consequência, a qualidade da vida resulta das múltiplas operações que o ser se impõe, caindo agora, levantando-se depois, sobraçando sempre um saldo, que o favorece ou não com recursos para a final redenção.

Por meio de provações abençoadas e expiações libertadoras, a Divina Sabedoria nos conduz ao compromisso de ascender e progredir nas dimensões da Imortalidade.

Encetando novas etapas da evolução, após os tumultuados dias em que se vitimou com o infeliz autocídio, Giuliano sofreu as consequências do envenenamento perispiritual pelos fluidos tóxicos acumulados nas fracassadas tentativas de renascimento compulsório, que redundaram em processos abortivos dolorosos. Por fim, o Augusto Coração lhe facultou reencarnar, na segunda metade do século XVII, aturdido e inditoso, na mesma Itália que fora palco dos seus dessisos anteriores, a fim de retificar a interrompida história que escrevera com os seus torpes atos no século transato.

Assim, as exteriorizações lepromatosas de agora têm suas raízes nos dias sombrios das alucinações passadas, exigindo-lhe a reparação das maldades cometidas, entre aqueles mesmos que lhe sofreram a paranoia.

Longos teriam que ser os dias de soledade e tumultuadas as noites de evocação, no leito da enfermidade liberadora. Grazia, a quem amara com sincera e digna afeição, ressurge-lhe, então, na condição de amiga da juventude, reencontrando-o, ainda transtornada psiquicamente por insidiosa obsessão, na enfermaria de hanseníase, mas clarificada igualmente pelas sublimes luzes do Consolador, após longa jornada pelos escuros caminhos da alucinação.

Quantos novos incidentes lhes estariam reservados, de modo a renovarem sentimentos e sublimarem aspirações!

Na primeira noite na Colônia, Lucien se inteirara da vida pregressa que lhe dava causa aos sofrimentos. De coração compungido, compreendera a necessidade da própria liberação, aceitando a aflição pungente com humilde resignação.

Entretanto, sua alma de artista, antiga amante do conforto e da beleza, permanecia sonhadora e atormentada, divagando com surdas revoltas, não obstante as seguras informações de que se enriquecia, pelo conhecimento do Espiritismo.

A sensualidade do passado revivia suas exigências, enquanto o corpo se dilacerava em decomposição contínua. Sentindo asco de si mesmo, anelava os prazeres fortes e as sensações devastadoras, em conúbios refertos de licenciosidade, nos quais corpos jovens e belos esfogueassem na luxúria e nas paixões. Com a imaginação abrasada e o espírito sequioso, a ardência dos desejos surpreendia-o, mesmo no chavascal das feridas em que o corpo se putrefazia.

Somente a prece e as lágrimas conseguiam levantar-lhe dessas crises o coração inquieto e a mente sôfrega.

Não poucas vezes via-se obrigado a esmagar o dragão das utopias do prazer, que transformava seu espírito em arena de terríveis batalhas entre Ormuzd e Arimã, consumindo-lhe forças físicas e psíquicas preciosas.

Medicamento de superior natureza e excelente elaboração, a Revelação Espírita é, na atualidade, a mais eficaz terapêutica para o homem moderno, cuja inteligência rutilante, capaz de impulsioná-lo na direção das estrelas, não raro o encarcera na masmorra do ceticismo.

Se ontem os sectarismos religiosos incentivaram o materialismo, hoje o cientificismo estiola o homem que o elaborou, punindo-lhe a presunção.

Todavia, apesar das nem sempre razoáveis ambições humanas, o túmulo faz tábua rasa para todos e induz, cedo ou tarde, às cogitações elevadas sobre a sobrevivência espiritual. Nesta hora, então, a Doutrina Espírita guinda o atormentado ser na direção dos astros, liberando-o do charco em que se detém por impositivo da própria insânia, fazendo-o feliz, por fim.

※

Os dois amigos, em Opala, no dia inesquecível em que voltaram a ver-se, permutaram, durante todo o dia, impressões e esperanças, planos futuros e programas de trabalho redentor, com vistas a melhores dias...

Lucien, após minudenciar as lembranças arquivadas na memória perispiritual, referentes aos acontecimentos dos dias do papa Alexandre VI e da Casa Borgia, escutou Armando, que por sua vez lhe confidenciou as próprias preocupações, receios e sonhos, porque também lutava consigo mesmo.

Davam a impressão de que ambicionavam a libertação definitiva, depois de demorada prisão em cárcere de sombras.

Comovente ouvir-lhes a narrativa das aspirações que anelavam, cheios de coragem ante o sofrimento santificante e o serviço renovador.

Despediram-se, por fim, bafejados, no mesmo dia, pela musa Esperança, prometendo-se afeição contínua, em incessante trabalho de fortalecimento recíproco, com indeclinável e coerente fidelidade aos princípios da filosofia religiosa abraçada, pela qual se empenhariam até o último hausto, vivendo-a, divulgando-a e exaltando-a na própria dor.

Já declinava o Sol quando se apartaram. A paisagem era um festival de luz sobre o campo de espigas louras e flores exuberantes explodiam num poema de louvor à Natureza.

2. DORES QUE RETORNAM PUNGITIVAS

Lucien, agora absorvido pelos planos edificantes de serviços proveitosos para os companheiros de sofrimento, dedicava-se à poesia, quando a inspiração o dominava, ou se entregava ao artesanato, preparando grupos de futuros egressos que se organizavam para as tarefas do porvir. Simultaneamente, encontrava tempo para colaborar na Clínica Psiquiátrica, o que lhe granjeou a estima do médico-chefe, por meio de cuja interferência conseguiu, junto à Administração, pequeno e agradável apartamento no hospital, onde se podia permitir mais ampla convivência com os livros, a música, a pintura e especialmente com a poesia...

É compreensível que, embora fosse merecido esse regime de exceção, muitos pacientes, picados pela inveja, passassem a mover campanha contra o jovem, na qual a intriga e a impiedade se disputavam os lances mais ousados. No novo clima, o antigo déspota se reencontrava, não poucas vezes, urdindo mentalmente revides e desforços que logo buscava superar...

Em contrapartida, o seu êxito literário fazia-o receber volumosa correspondência, graças à discrição de uma caixa postal pertencente a amigo sadio residente na cidade, o que lhe facultava agradável intercâmbio epistolar, por meio do qual passou a semear as consolações espiritistas.

Nesse comenos, foi conduzido ao leito, a fim de submeter-se a diversas cirurgias plástico-reparadoras objetivando restaurar a mobilidade de alguns dedos e também melhorar o aspecto da face.

Antiga ulceração no pé constituía-lhe incessante martírio. Aguardava cirurgia no local, na esperança de lograr possível restauração dos tecidos em decomposição. Receava, porém. Aquela era uma chaga típica, que parecia dever permanecer, na condição de cruel estigma, a identificar o infortunado portador do mal de Hansen.

Recordava-se de que, nos agitados dias do passado, quando em tratamento numa das enfermarias da Colônia, seu leito fora requisitado para um paciente recém-chegado. Considerando o próprio estado de abatimento, a febre e a pústula hedionda, argumentara com a médica sobre a necessidade de demorar-se mais algum tempo em tratamento. A moça, porém, sem qualquer sentimento de piedade e sem o tato psicológico de que deveria ser portadora, revidara com sarcasmo:

— Vocês!... (Na palavra havia total desprezo.) Necessito do leito para um que está pior que você... E fique sabendo que a hanseníase *não tem cura*! Você sempre terá este expurgadouro! Dou-lhe uma hora para deixar esta enfermaria. Quanto ao tratamento, você poderá fazê-lo em ambulatório.

Ali ruíram todas as técnicas psicológicas de assistência aos enfermos. Num momento de irritação e petulância, a insensibilidade destruíra todo um edifício de esperanças, de paciência e de renovação...

Voltaram-lhe à mente, então, os ditos sobre a lepra, e teve de recomeçar tudo intimamente, outra vez.

O retorno à clínica cirúrgica significou-lhe, também, inúmeras e doridas evocações. Sabia, no entanto, que sofrimento é impositivo de evolução e que ninguém padece o que não necessita.

Nesse estado de espírito internou-se, sendo operado com êxito. Foram-lhe aplicados no nariz alguns transplantes de cartilagem e pele, retificando-se-lhe também a expressão labial. Intervieram igualmente nos dedos, já dolorosamente recurvados, com a expressão de garras, remodelando-os quanto possível. Caberia ao tempo e ao repouso responder pelos resultados.

Embora se houvesse resguardado num pré-operatório cuidadoso, seu organismo debilitado rejeitou parte dos transplantes, que infeccionaram, tornando-o febril e inquieto.

A recuperação, face à imprevista reação orgânica, fez--se-lhe mais demorada.

Encontrava-se otimista, já em convalescença, quando Márcia, como lhe fora habitual tempos antes, irrompeu na enfermaria.

Era um domingo úmido de junho e o frio soprava desagradável.

Vendo-a, Lucien experimentou insopitável alegria, mas súbito presságio agourento dominou-o.

A verdade é que a amava! Quanto sonhara conseguir um lar, construído sobre as bases do matrimônio ditoso! Sentia, porém, em considerando a enfermidade que lhe destroçara as aspirações, ser isso impossível. Mesmo conseguida a alta, haveria sempre o espectro da recidiva. E considerava: "Ela é jovem e atraente, embora as marcas do cansaço de que dá mostras e a distonia psíquica que a martiriza com frequência; merece um companheiro em quem se apoie e compraza. Um egresso de leprosário é semelhante a uma sombra que detesta a claridade. Até quando ela o suportaria? Depois, os longos anos de martírio e soledade influíram negativamente no seu próprio temperamento, tornando-o arredio, silencioso..."

Ante a agressividade e as ameaças da genitora da jovem, e considerando as demais circunstâncias negativas, resolvera, desde algum tempo, retirá-la da mente, apesar do pesado tributo da contínua amargura. Pode-se viver com falta de quase tudo, menos de esperança!

Mesmo assim, sempre se sentia reviver quando ela o visitava.

Naquela conjuntura, ela lhe significava a claridade que se almeja durante a noite de sombras e que se aguarda com ansiosa expectativa.

Desde os conturbados dias em que a genitora de Márcia o ameaçara com a perspectiva de um escândalo, caso ele continuasse estimulando o interesse da jovem, a seu pedido as visitas escassearam e ela quase deixara de fazê-las.

Não temia tanto o espocar da agressão da matrona, a que já se acostumara. Seu grande receio era a hanseníase em si mesmo, quando a amada se apercebesse do que era realmente estar consorciada com um leproso... A simples conjectura atormentava-o. Preferia, pois, não a ter, a perdê-la após a posse.

Dessa forma, a intempestiva chegada de Márcia produziu-lhe sentimentos antagônicos. Não refeito da surpresa, percebeu que a moça, algo ofegante, não estava psiquicamente bem. Os olhos injetados, ligeiro tremor labial e um tique nervoso na pálpebra, denotavam-lhe desequilíbrio emocional.

Lucien armou-se, então, com a oração, enquanto manteve a expressão da face asserenada.

— Não suporto mais a vida! — declarou lívida. — Eu tinha que vir vê-lo hoje, antes que fosse tarde...

Sem saber como responder com a necessária segurança, o interlocutor manteve-se compreensivo, em silêncio.

— Mamãe enlouquece-me. Odeio-a, odeio-a! — baldoou, em lágrimas. — Ajude-me, Lucien, ajude-me!

O moço, igualmente emocionado, argumentou com delicadeza:

— Todo socorro promana do Pai, a quem devemos dirigir nossas súplicas, confiando com tranquila segurança. Sabemos, os espíritas, que o rio das lágrimas tem suas nascentes no pretérito espiritual. Há dores que funcionam como reparação de culpas; reeducação disciplinadora, e dores que constituem o aguilhão, impelindo-nos para a frente. Face a isso, é inútil recalcitrar. Em casos de tal natureza, o ódio somente complica, a revolta mais desequilibra. Uma atitude serena, todavia, logra alcançar resultados positivos, inesperados.

E depois de breve pausa, sugeriu:

— Narre-me calmamente o que ocorre, a fim de verificarmos como você pode proceder com êxito, para acertar em definitivo.

Envolvida pelas vibrações de simpatia, Márcia asserenou-se e elucidou:

— Desde quando mamãe passou a implicar com a nossa afeição, tudo tem feito para afligir-me. Não apenas se refere a você com expressões ferinas, como não cessa de ameaçar-me. Creio-a louca! Depois de muito refletir, amparada pelo consolo da fé e compreendendo os empecilhos que nos distanciam no momento, resolvi aquiescer à sua vontade, tendo passado a visitá-lo apenas uma que outra vez. Isso, no entanto, em nada modificou os meus sentimentos íntimos, nem os dela, em relação a você... Há pouco mais de quatro meses apareceu-me um moço, portador de lamentável processo obsessivo, que granjeou as simpatias de mamãe e a minha animosidade. Apesar de constituir-me motivo de desagrado e asco, a sua insistência afetiva e o seu atrevimento chegam ao cúmulo de desesperar-me...

Silenciou por pouco e logo prosseguiu:

— Imagine que, agredida emocionalmente, estando ele com o beneplácito de mamãe, esbofeteei-o, numa crise de revolta. E o canalha devolveu-me o bofetão!

"Estarrecida, ouvi mamãe gritar: 'Muito bem! É disso que essa rebelde está necessitando.' E o apoiava. Compreendi então que também ela é totalmente desequilibrada. Já o suspeitava; agora tenho certeza.

"E como se alinhasse mais expressivos argumentos, por você, com terrível urdidura de maldade, estimulando o comparsa a que aqui viesse tomar-lhe satisfações.

"Avisei-os de que se se atrevessem a incomodá-lo, arrepender-se-iam amargamente. Estou disposta a qualquer atitude, a fim de preservá-lo de um possível incômodo."

— Acalme-se, minha boa Márcia — tentou Lucien, com jovialidade. — Já lhe disse que não me defendesse nos duelos verbais com a sua genitora. Ela me chama *leproso*, mas, por maldosa que nos pareça a acusação, é verdadeira e não me ofende. Ao contrário, esse estigma me liberta e apazigua. Necessário enxergarmos as coisas na sua legítima configuração, para não incidirmos em erros de interpretação. Examinemos as ocorrências serenamente.

"Quanto nos acontece, à revelia da nossa vontade, conduzindo-nos ao sofrimento, é decorrência do passado culposo que somos constrangidos a resgatar. Pessoas e acidentes que nos afligem, retalhando nossas esperanças ou espezinhando nossas forças, procedem do fundo dos tempos, alçados à condição de severos cobradores, graças aos quais nos poderemos libertar dos condicionamentos e viciações infelizes. Desse modo, somente padecemos o que se faz indispensável à nossa vitória sobre nós mesmos. O adversário aparente merece também nossa compaixão, e o perseguidor torna-se digno da nossa amizade. Eles não sabem, realmente, o que estão fazendo. Sintonizar com as faixas do ódio em que se demoram é dar-lhes novas forças constrangedoras, que se voltarão contra nós, fazendo-os ainda mais inditosos..."

E como se não bastasse, expôs-lhe a minha afeição prosseguiu, generoso:

— O túmulo e o berço deixaram de ser misteriosos sítios, representativos do fim e do começo da vida, para se transformarem em pórticos de acesso a novos estágios da existência. O ser, espiritual e verdadeiro, é indestrutível. Mortal é só o corpo, por meio do qual a alma coleta experiências, aprimora sentimentos e ascende sem cessar. Vítimas e algozes refundem as expressões de amor e de ódio em sucessivos recomeços, até expungirem todo o vinagre da animosidade do vaso do coração.

"Perdoe, portanto, sua progenitora. Somos-lhe devedores de altas dádivas afetivas, e permanecemos ao seu lado com a finalidade precípua de conquistá-la, reparando os males que antes lhe impusemos. É claro que a sua é a mais dorida condição, e por isso a mais importante. Não resultaram do acaso os liames da consanguinidade dolorosa que as atam... O desvairo de que ela se vê possuída, ante a chegada do energúmeno com quem se compraz, denota ter sido ele sua vítima, sendo esta a hora do resgate que lhe chega, inapelável."

A ouvinte parecia magnetizada pela palavra calma, ponderada e impregnada de verdade. Os olhos úmidos brilhavam, enquanto quase automaticamente assentia com a cabeça. Lucien, inspirado, continuou:

— Não hesitemos ante o desafio da reparação impostergável. De mim mesmo, já há algum tempo, venho transferindo as aspirações da Terra para o além-túmulo... Reabilitado da hedionda sucessão de crimes a que me vinculei, enredado nas sombras espessas do ódio e da loucura, aspiro hoje à madrugada do futuro, entretecendo desde agora a coroa de bênçãos do porvir. Em todos esses anelos, tenho-a presente. Não a mereço, por enquanto. Não engendremos maiores consequências, indo contra o aguilhão que nos separa... (Estava emocionado!) Meu corpo transformou-se num monturo, mas os corpos são formas transitórias...

— Oh! Lucien! — exclamou a jovem sofredora, desejando sentir-lhe o amplexo afetuoso. — E se mamãe obrigar-me a receber o meu repelente admirador? Se me ameaçarem outra vez? Se ele atrever-se a vir até aqui, armando uma situação irreversível? Eu sei que não suportarei. Reconheço minhas fraquezas...

— Também eu sei das minhas deficiências — anuiu humilde. — A todas essas interrogações o tempo responderá no momento próprio. Não antecipemos angústias, nem acalentemos desesperos. A cada coisa a atenção na oportunidade própria. Cultivemos a bondade e a paciência, sem nos afligirmos com as perspectivas sombrias.

"Se você for constrangida, sob ameaças, a decisões contrárias à sua vontade, ore e entregue-se ao Senhor. Quando nos falecem os valores próprios, sempre nos é possível recorrer às fontes sublimes da vida. Não estamos ilhados no mar do abandono, nem deixados à mercê do mal.

"Juntemos as nossas orações e, desde que não devemos unir os corpos, reunamos nossas forças morais e espirituais, num todo de amor e fé, auxiliando-nos mutuamente e aos nossos verdugos, confiados em Jesus.

"Volte renovada e reencoraje-se. Trate o inimigo como a um irmão enfermo, e a sua genitora desequilibrada qual padecente que é, de grave distúrbio obsessivo, por cujo intermédio adversários desencarnados nos martirizam o coração..."

O esforço para manter o controle das emoções esgotou-o. Palor acentuado, com suor abundante, marcaram-lhe a face, tornando-o ofegante e fazendo-o experimentar fortes dores nos lábios operados, não aptos ainda para longas conversações.

Márcia fitou-o demoradamente. Os olhos negros e amendoados que nadavam em lágrimas no rosto ovalado, inspiravam imensa ternura e possuíam beleza singular.

Um pressentimento terrível feriu-a, como se não mais fosse voltar a vê-lo. Com muito esforço segurou-lhe delicadamente o ombro magro e despediu-se com um sorriso de expressiva melancolia.

O enfermo olhou-a até que desaparecesse no retângulo da porta. Só então deu curso às lágrimas abundantes.

※

Rudes figurações da luta humana!

Quando o homem se supõe liberado, ei-las que irrompem de inopino, exigentes, intempestivas. Não foi por outra razão que Jó exclamou: "Como nuvem passou a minha felicidade", porquanto, na Terra, é sempre célere a sua passagem.

A obsessão, por seu turno, encontra-se vulgarizada amplamente, graças à incúria e à rebeldia das criaturas; grassa vitoriosa, torna-se responsável por um sem-número de males, que surgem em toda parte, e aumenta o número das vítimas que lhe caem, inermes, nas redes intrincadas.

Nosso planeta de provações será transformado em jardim de bênçãos, à medida que os obreiros humanos da esperança esparzam o pólen do amor.

※

Márcia retornou a Opala ao cair da tarde nevoenta e úmida, sendo recebida pela mãe que se encontrava agitada.

Eronildo, o infeliz apaniguado, fora passar o dia em sua casa e ambos, inquietos, aguardavam a moça com indisfarçado mau humor.

Exigindo esclarecimentos, Eronildo interrogou-a, agressivo, tutelado pela senhora em desalinho, despejando violenta catilinária oral sobre a moça ainda não refeita do cansaço da viagem.

A psicosfera da casa tumultuada era clima favorável para os dissabores severos que se avizinhavam, e a presença de Entidades espirituais inferiores, que empestavam ainda mais o ambiente, estimulava reações imprevisíveis nos contendores invigilantes.

Márcia, fortalecida pelas vibrações positivas de Lucien, tentou explicar, apesar de enervada, a razão da demora involuntária, enquanto, ao aspirar os fluidos tóxicos ambientes, mal conteve a insopitável antipatia que lhe causou o perturbador do seu lar.

Entrementes, dona Inês, a genitora desassisada, intuída por vigoroso sicário desencarnado, que a dominava psiquicamente, perguntou se ela fora visitar Lucien...

Os lábios de Márcia tremeram, os olhos inquietaram-se nas órbitas e a testa franzida transformou-se numa hedionda máscara de ódio.

— Estou cansada, mamãe! — desabafou trêmula. — Fui, sim, visitar Lucien, e estou muito cansada!

A progenitora arremeteu violentamente contra ela e agrediu-a. Espumejante bradou:

— Ele me pagará. Amanhã iremos lá: Eronildo e eu... Daremos um jeito naquele cão leproso...

— Não, mamãe! — gritou, com um filete de sangue a escorrer-lhe do lábio. — Ele não tem culpa. Eu sou a responsável. Busquei-o para encontrar forças a fim de suportar vocês, a quem odeio.

— Miserável! Não é uma filha, é um monstro! — esbravejou.

— Oh! Meu Deus! Não me desampare! — balbuciou Márcia, quase a desmaiar.

A cabeça da jovem ardia e o tremor nervoso transformou-se em convulsão.
— Se vocês forem lá... — ameaçou, com o rosto sombrio.
— Que acontecerá? — inquiriu Eronildo, segurando-a violentamente. — Vou surrá-lo! Você será minha e de mais ninguém, haja o que houver!
Dona Inês começou a gargalhar, bradando:
— Muito bem! Assim é que se fala! Aja como homem!
A loucura generalizou-se e o que aconteceu foi muito rápido, para que se pudesse evitar.
Márcia ergueu-se, quase fora de si, e disse, com estranha calma:
— Nunca, infame! Mil vezes a morte a suportar-te. Livrar-me-ei de vocês imediatamente!
De um salto alcançou a janela, que dava para a rua e arrojou-se no ar, espatifando-se no asfalto molhado.
Não houve tempo de segurá-la, nem sequer se pensou fazê-lo. Quando se deram conta, a tragédia estava consumada.
Dona Inês correu para a janela aberta, acompanhou com o olhar o corpo que caía, até bater no solo, onde logo foi cercado pela curiosidade e pelo espanto dos passantes.
Pela porta falsa do autocídio, evadira-se a moça atormentada. Olvidara que o suicídio, antes de resolver problemas, complica-os insuspeitadamente, conduzindo aos dédalos de inenarráveis alucinações, com retornos punitivos ao corpo, em dolorosas condições reparadoras. Trocara breve prova por longas décadas de martírio, esquecida de que o Pai possui meios para modificar as situações mais terríveis, por meio de soluções inesperadas e liberativas.
Quando o homem se dispõe a confiar e esperar, surgem caminhos nos mais intrincados cipoais do desespero e naus salvadoras nos mares mais revoltos.

Deus conhece todas as constrições que afligem os espíritos, e dispõe de recursos para saná-las no momento próprio.

Rebelar-se é desafiá-lo; fugir significa indébito adiamento de uma quitação; reagir pela ira ou por meio da mágoa aumenta a cota de sofrimento. Somente uma atitude esclarecida e equilibrada pode granjear valores que superem o mal.

Pobre espírito, desatinado e cego! Começavam, para ele, pela sua precipitação, novas dores, para longo curso de lágrimas, sem próximo termo.

※

Levado o corpo para o Instituto Médico Legal e submetidos à inquirição policial dona Inês e Eronildo, foram sepultados os despojos de Márcia no dia imediato.

A inditosa mãe internou-se logo depois, totalmente vencida, no Sanatório Psiquiátrico de Opala, onde expunge, dementada, os erros e viciações do espírito enfermo, enquanto Eronildo, psicótico e aturdido, experimenta remorsos, alucinações e contínuos estágios em clínicas especializadas, dominado também pela insanidade mental.

Na semana seguinte, quando os amigos espíritas da capital volveram à Colônia e informaram a Lucien sobre a tragédia, ele passou a sofrer inominável angústia, entre as sucessivas crises de saudades, lavadas com as lágrimas do sofrimento resignado.

Como, porém, é da Lei suprema que ninguém se liberará da dívida antes de resgatá-la integralmente, o caminho da provação surgia como rota a ser necessariamente percorrida, a preço de renúncia.

Aquele junho cortante não apenas enregelava por fora, na Colônia, como dilacerava por dentro um coração solitário, um espírito devedor.

3. RETORNO AO LAR E PROGNÓSTICOS SOMBRIOS

Pouco a pouco Lucien se foi recuperando do choque sofrido com o suicídio praticado pela atormentada Márcia.

O organismo debilitado sofrera amarga refrega, e ele, embora inconscientemente, passou quase a desinteressar-se pela existência física. Experimentava singular, dolorida constrição no tórax. Não obstante contasse apenas 28 anos, parecia-lhe que estranho distúrbio cardiovascular tivera início, após o impacto das novas angústias.

Assistido pela ternura dos bons Espíritos, cujo devotamento granjeara, graças aos contínuos testemunhos de paciência, resignação e humildade, e socorrido pela afeição de abnegada religiosa da Colônia, que lia caridosamente para ele páginas de fúlgida beleza, saiu da prostração que o acometera, apresentando, nos dias sucessivos, animadora melhora, a par de expressiva recuperação da cirurgia a que fora submetido.

Nesse ínterim, significativo Movimento Espírita tomava corpo em Safira.

A Sra. Myrian Vasconcelos convidara Armando para proferir conferências na cidade, que se engalanava ante a próxima inauguração de benemérita obra de assistência social, dedicada à infância e aos sofredores, conforme a recomendação evangélica, de que os espiritistas se fazem lídimos seguidores.

Havia, naqueles dias um grande interesse no país, em torno do Espiritismo. Noticiário bombástico da imprensa entretecia considerações a respeito da Doutrina e da mediunidade, apesar dos lamentáveis equívocos que surgiam, como normalmente ocorre, produzindo em toda parte inesperado interesse sobre a imortalidade, as *comunicações*, a reencarnação... Médiuns numerosos estavam sendo entrevistados e suas respostas produziam emoções novas, enquanto religiosos apressados, aturdidos pelo impacto causado pela Revelação Espírita, igualmente opinavam, tornando-se os periódicos, e os canais de TV de maior audiência, veículos de acalorados e injustificados debates.

Não obstante o toque sensacionalista de que se revestiam os *entreveros* e a impossibilidade de veicularem mais amplos esclarecimentos por meio dos órgãos de informações, os espiritistas granjeavam maior soma de simpatias em todos os lugares. E o Espiritismo, como sói acontecer com os ideais nobilitantes da Humanidade, sempre perseguidos, mas nunca vencidos, passou a ocupar lugar de destaque nas manchetes dos noticiários, recebendo aceitação natural e animadora compreensão do público brasileiro, sacudido pela promoção inesperada.

Sem dúvida, os renitentes adversários da Doutrina retornavam à carga da difamação, e hipnólogos sarcásticos, dispostos a ridicularizar os aprendizes modernos do Evangelho, saíram a campo, em torpes, porém ineficazes campanhas.

Digamos melhor: proveitosas campanhas, em considerando que as mentiras assacadas contra o Espiritismo eram desmentidas pelos fatos e pelas elucidações valiosas que as desconcertavam com a sua lógica de bronze, analisando a problemática humana sob nova luz.

A cada agressão, mais ampla adesão, em ritmo surpreendente. Por pouco não se tornou moda o cognome *espírita*.

Por toda parte, salões e auditórios abriram-se para cursos improvisados de hipnose elementar, em ataque à mediunidade clara e pura, sob a rotulagem de experiências da moderna Parapsicologia, abrindo-se, com isso, arenas de indesejáveis lutas verbalistas.

Espiritistas conscientes, dinâmicos e esclarecidos não se permitiam descanso, utilizando-se das ensanchas para mais amplos esclarecimentos e mais pormenorizados informes sobre a Doutrina codificada por Kardec.

Deve-se, entretanto, compreender que o Espiritismo não tem necessidade da propaganda intempestiva ou apressada. Possuindo suas raízes nas terras férteis do Evangelho, em que haure vitalidade e luz, afirma-se e difunde-se graças ao bem que propicia aos seus profitentes.

No clima de necessárias elucidações e acalorados discursos, Armando deveria, após a inauguração do santuário dedicado à infância, em Safira, proferir uma série de palestras espíritas, nas quais a incomparável figura de Jesus retornaria à convivência dos ouvintes sequiosos e dos sofredores, como ocorrera outrora nas claras manhãs e nas tardes douradas da bela Galileia, onde brotaram as nascentes da Boa-Nova... Igualmente revisaria conotações sobre conquistas científicas, à luz do Espiritismo, formulando conceitos elevados e cristãos acerca da ética da Nova Era a instalar-se na Terra em dias futuros.

Myrian, informada dos novos e pesados sofrimentos de Lucien, proporcionou-lhe viajar de Opala a Safira, a fim de viver aquelas horas de Espiritualidade, no solo em que nascera e onde fora convidado pela Lei à sublime expiação de que se libertava estoicamente.

Em esfera de felizes expectativas, os dois amigos se abraçaram, no aeroporto de Safira, em manhã chuvosa e úmida de agosto, retemperando o ânimo com a esperança e a fé.

Podiam-se perceber os efeitos estéticos da cirurgia plástico-reparadora na face de Lucien. O nariz retomara forma agradável e os lábios se apresentavam com os contornos corretos; desapareceu-lhe a expressão deformada, e os olhos fulgurantes, embora tristes, pareciam círios festivos num painel harmonioso. Alguns dedos da destra recuperaram os movimentos, apesar de necessitarem, oportunamente, de enxertos ósseos e novas cirurgias.

Não fossem o pé direito deformado, os lóbulos das orelhas um pouco aumentados e macilentos, e alguns outros sinais de somenos importância, não se identificariam as marcas da hanseníase de que se liberava exteriormente. No íntimo, porém, como que gravados a ferro em brasa, havia sinais psicológicos de muito difícil erradicação. Os longos anos de expectativa, soledade e amargura, as cargas de emoções contínuas e choques inesperados, misturados a frustrações e renúncias incessantes, operaram nele expressivas modificações. Tornara-se reservado e triste, como de esperar-se. Contudo, o espírito sensível, amante da arte e da beleza e sustentado pela fé inexaurível, possuía valiosas reservas de resignação e coragem. Anelava superar todos os óbices, para resgatar o pretérito, acondicionando ambições superiores, com o pensamento no futuro.

❦

Considerando o benefício que se recolhe na dor resignada, exoro:
    Almas sofridas que lutais, sem quartel, nos campos da redenção: não desespereis!
    Fitai os astros que brilham no Empíreo e retende a esperança! Esses ninhos luminosos e balouçantes, não

apenas adornam as noites sombrias, como anunciam eternas primaveras, nas quais fruireis lenitivos para vossa amargura e consolo para vossa dor.

Vós que caminhais a sós, na multidão, sem o afago do amor, nem o enlevo da ternura, esperai um pouco mais e crede no amanhã. Se hoje vos parecem demorados os dias de inquietação, intérminos serão os tempos de ventura que experimentareis, saldada a dívida e cumprido o compromisso remissório.

Mãos devotadas enxugarão as lágrimas que ainda retiverdes, entoando canções de felicidade junto aos vossos ouvidos.

Não recueis ante o testemunho mais assustador, nem fujais às aflições do dia a dia, ainda que tenhais cravados nos pés os acúleos de mil ignomínias.

Erguei-vos, tristes e desconsolados da Terra, pela oração impregnada de confiança.

Concluída a áspera provação, saireis do corpo, qual borboletas coloridas, libertadas pela transformação das lagartas vagarosas e rastejantes, voejando no leve ar do dia em luz. Bendireis, então, haverdes sofrido, e louvareis o corpo generoso que vos serviu de casulo.

Esperai, portanto, almas que chorais sem nada possuirdes além da consolação da fé e do murmúrio das próprias orações!

Jesus vos conhece e sabe das vossas agonias.

※

Aqueles dias significavam o retorno ao "Caminho", nos quais se voltariam a ouvir as "Vozes" e sentir as presenças espirituais alvissareiras e benéficas, como na primitiva comunidade cristã, quando os pregoeiros da Mensagem passavam reanimando os lutadores e recordando o Messias divino.

Os genitores de Lucien, apegados ao orgulho de casta e perenemente inconformados com a enfermidade do filho, ou melhor, digamos de uma vez: com a sobrevivência do filho, construíram pequena peça, no quintal da vivenda luxuosa, para os dias em que o Serviço Social do leprocômio permitisse a volta do jovem ao lar, dentro do programa de readaptação dos egressos. Pretextavam que o filho, portador de artritismo deformante e de compreensível distonia nervosa, precisava de repouso, de que podia dispor no pequeno *bungalow*, enquanto na mansão isso se tornava difícil, em contato com os irmãos, sobrinhos e servos... Em verdade, Lucien utilizara-se compulsoriamente da residência familiar por duas vezes, nas quais ficara terminantemente proibido de sair à rua ou de receber amigos, de modo que se evitassem perguntas curiosas e indiscretas, que os familiares temiam. Estivera em voluntária prisão domiciliar, para aquietar o orgulho e os receios dos seus.

Assim, desta vez, resolvera hospedar-se com Armando, na residência da Sra. Vasconcelos.

Na primeira noite, minutos antes da conferência programada, repetindo, para surpresa geral, os anos transatos, Lucien apareceu, trajando *smoking* e apoiado a Myrian, vestida de longo, e abriu a solenidade de inauguração da Obra Social para a Infância, dedicando ao amigo e ao seu público a valsa *Tristesse*, do Noturno nº 3, de Frédéric Chopin.

Ensaiara antecipadamente, com inaudito esforço, a suave e dulçorosa melodia, fazendo, inclusive, a transposição de mãos, no que lograra êxito significativo.

O teclado submisso, logo aos primeiros acordes da música envolvente, passou a derramar ondas de sonora beleza.

Lucien ressurgia, naqueles minutos, como Fênix, das próprias cinzas, no proscênio que a Sra. Vasconcelos preparara, com carinho, para a *rentrée* do pupilo amado.

Sobre o *Esenfelder* negro fora adredemente colocado um castiçal de prata com seis longas velas acesas, qual se fossem uma materialização de círios celestes.

Quando o jovem sentou-se ao piano, as luzes foram apagadas e a música vibrou emocionante na acolhedora penumbra, criando embevecedoras emoções.

Inspirado, Lucien executava a melodia como se estranhos numes tutelares movimentassem os seus dedos, que conseguiam quase perfeito virtuosismo. O artista renascia, sem poder conter as lágrimas de felicidade. Na tela mental recordava Márcia e, como se estivesse diante de um oratório, recitava seu poema de amor não fruído nas envolventes vibrações musicais.

Ao terminar, a ovação explodiu. Todos se ergueram a aplaudir, tocados de júbilo. Quando cessou o ruído e no mesmo clima de emoção, o jovem pianista prosseguiu com a "Valsa em Lá Maior, *Opus* 17, número 4", composta em Viena, nos dias nobres do *Romantismo*, em 1831, na qual se sentem as suas ânsias de ternura e amor em estados de doce languidez.

Durante o *Romantismo*, misturavam-se os poemas de Musset e de Leopardi, os estros de Byron, Heine e Vigni confundiam-se com a melancolia doce e sofrida de Lamartine, enquanto Frédéric Chopin espalhava as melodias comovidas dos seus *Noturnos* e das suas *Mazurcas*, que inundaram a Europa... Nesses dias Chopin compôs a "Valsa em Lá Maior"...

Repetiu-se o entusiasmo geral e a demorada ovação. No íntimo, Lucien retornava aos já distantes dias do Concurso Internacional de Piano, aos sonhos que se desfizeram em pesadelos e não podia sopitar as lágrimas, que pareciam nascer dos júbilos daquela hora, mas realmente coroavam quase doze anos de peregrinação pelo "vale da sombra da morte", a que se refere Davi, no *Salmo* 23.

Concluída sua triunfal apresentação, as luzes foram acesas e a solenidade prosseguiu festiva.

A conferência, que estudava a "Delinquência juvenil à luz do Espiritismo", dissecou os problemas da juventude e, principalmente, os do jovem delinquente, apontando caminhos para a sua reeducação, na metodologia do Evangelho: amor, disciplina e trabalho. Por 70 minutos contínuos de estudo e arroubo, conceituações felizes e exame dos cânceres sociais que respondem pela marginalização de incontável número de criaturas, na miséria econômica, moral e social, o conferencista sugeriu soluções espíritas para o terrível mal que flagela o mundo, e concluiu com emocionante peroração em louvor do trabalho edificante, no qual todos nos devemos empenhar denodadamente.

"O problema é de todos nós" — concluiu. — "Portanto, cada um de nós tem que se empenhar em sua solução. Não se trata de uma questão remota, convergente para os outros, mas de grave mal que cresce e a todos ameaça. Investir na sua erradicação é honra que nós devemos disputar."

Entreteceu considerações finais e terminou a bela oração sob manifestações de alegria dos ouvintes satisfeitos.

À saída do auditório, dona Angelina convidou Lucien a almoçar com Armando e Myrian, no dia imediato, em seu lar.

Era do prazer da senhora receber pessoas gradas, de renome, projetadas nesta ou naquela esfera dos comentários sociais, com que exaltava a própria vaidade. Era tida por *hostess* perfeita, em Safira, do que muito se ufanava.

Ante o sucesso logrado pelo filho naquela noite e que a colheu de surpresa, e a presença do conferencista que se fizera preceder de brilhante renome, desejou homenageá-los, isto é, homenagear-se, por meio deles.

Aliás, este é um procedimento muito em voga: cuidar das exterioridades, com o desprestígio do essencial.

Todos os luminosos conceitos emitidos naquela noite

passaram-lhe quase despercebidos, interessando-se ela apenas pelos valores aparentes, os que rendem vantagens sociais.

Graças a tais conceitos, é ainda muito difícil a conquista do "Reino de Deus" para os que prezam as posses, as coisas pueris, as frivolidades; para os que se sobrecarregam com as riquezas da mesquinhez e da usura, da vaidade e do orgulho...

Delicadamente, o filho e o amigo aquiesceram em aceitar a gentileza e despediram-se sorridentes.

No íntimo, estuavam de são contentamento. No lar da Sra. Myrian, no momento do lanche que precedeu o repouso, espíritos em festa, renderam graças, em emocionante oração, na qual reuniam gratidão e esperanças novas em relação ao futuro.

Dona Angelina estava esfuziante de alegria. Retornava, por fim, o júbilo fugitivo, que era recebido com inusitada festa íntima.

"Afinal" — conjeturava, recostada ao leito, sob o império das emoções da noite — "o tempo conseguira utilizar sua esponja valiosa, apagando as sombras e os sofrimentos dos painéis da sua vida.

Naqueles momentos em que Lucien tocava, sentimentos desordenados tumultuavam-lhe o espírito. Não poderia dizer exatamente se era amor o que sentia, ou simplesmente uma explosão de vaidade materna. Sopitara as dores, ocultara as lágrimas, graças à desgraça que ele trouxera ao lar..."

Fez uma pausa nas reflexões, atendendo ao esposo que buscava o descanso, para prosseguir de imediato:

"O clã dos Menezes" — relacionava mentalmente — "procedia de Portugal e desde o século XVIII se fixara no Brasil, onde alcançou destaque desde os dias da Guerra do Paraguai, quando membros da família participaram da célebre 'Retirada da Laguna', de 1867. Aqui consolidaram o prestígio social e econômico que agora desfrutavam com elevada honra.

Pelo casamento com o Dr. Euricles de Medeiros, uniram-se duas poderosas famílias de Safira, cujos bens formavam precioso latifúndio, onde se destacava a criação de gado bovino, de rendosos resultados.

Mãe de vasta prole, todos os filhos lograram as vantagens do título universitário e da projeção na República — o que lhe significava indizíveis alegrias e citações encomiásticas nos jornais que a desvaneciam — menos Lucien...

Quando nele irrompera a enfermidade, nela nascera o ódio.

Sim, recordava-se, pois jamais conseguira esquecer aquilo.

Quando ouviu o diagnóstico do mal que infelicitava o filho: 'lepra', ficara estarrecida. Recuara no espaço... e no tempo. Pareceu-lhe rever estranho porão, onde uma mãe assassinada jazia ao lado do infame homicida ensanguentado também e morto.

Não sabia explicar o que ocorreu então. O assomo de ódio quase a enlouqueceu. Desejou estraçalhar o filho, pois nele via a figura hedionda do homicida que a atormentava. — Quantas vezes aquela cena a perturbara em pesadelos horrendos?! Era como se a jovem desmaiada ao lado dos cadáveres fora ela própria... Odiou-se a si mesma por haver gerado e carregado aquele corpo, ora a desfazer-se em lepra.

Gostaria de destruí-lo, se pudesse, mas não teve forças para fazê-lo. — Que singular visão tivera!

Desde então, procurara lutar contra o estranho estado da alma, sem lograr grande êxito. Longe de Lucien, parecia-lhe suportá-lo... A lembrança, porém, de que ele sobrevivia à doença e ameaçava o renome da família com o estigma da enfermidade odienta, pensava em exterminá-lo... (Ignorava, a atormentada genitora, que na sua carne renascera o matricida que um dia, na distante Faenza, trucidara a mãe, sua e dela. A Lei os reuniu no mesmo sangue, a fim de que se liberassem da culpa, lavando os ódios... Giuliano, sim, expungia sua culpa, mas Beatrice, ainda despreparada para a verdade, tropeçava em dúvidas e relutava nas paixões...)

Esperava que no dia seguinte, com o filho à mesa, livre da doença atroz, seria mais fácil suportá-lo e superar a antipatia. Podendo, novamente, honrar o nome da família... Oh! Tudo faria para que ele concluísse a recuperação. Isso mesmo: ajudá-lo-ia."

Sorrindo sob os augúrios das perspectivas felizes, adormeceu.

※

Safira faz lembrar muito Faenza: seu clima, sua situação geográfica e suas paisagens possuem similaridades surpreendentes. Embora a italiana seja uma cidade muito antiga, alguns dos seus habitantes de outros tempos hoje se encontram renascidos na brasileira. Certos hábitos artesanais, artísticos e culturais, de tradição e fé, em Safira, foram trazidos por aqueles Espíritos vindos de Faenza, em processos reencarnatórios...

Toda vez que Lucien retornava à sua cidade era vitimado por múltiplas e desencontradas emoções.

Revia a infância dourada, os amigos triunfantes, os lugares queridos e, logo depois, os dolorosos lances da enfermidade... Tudo ali estava impregnado de sorrisos e lágrimas. Também recordava, embora inconscientemente, os locais em que envenenara o próprio espírito, no passado... E sofria profundamente. Alterava-se-lhe o equilíbrio orgânico e experimentava desagradável instabilidade psíquica.

A possibilidade de reconquistar a família surgiu-lhe como bênção inesperada, face ao convite materno.

O almoço no lar dos Menezes de Medeiros transcorreu agradável, senão alegre.

A elegante anfitriã ultrapassara-se em cuidados. Lucien dedilhara o teclado, jovialmente, e os sorrisos inundaram a casa senhorial, bem decorada e confortável.

Logo após, formaram-se grupos álacres e Armando, inquirido por todos, respondia, com delicadeza e segurança de argumentação, às questões que lhe eram propostas, em torno dos magnos problemas da vida e da atualidade, à luz do Espiritismo.

Sem que fosse percebida, a senhora, discretamente, convidou Lucien a uma entrevista, e os dois sentaram-se no amplo gabinete do Dr. Euricles, onde passaram a conversar descontraidamente.

A princípio, falaram de nonadas, intercambiando palavras comuns, até que dona Angelina perguntou, diretamente:

— Você já teve alta clínica, meu filho?

— Sim, mamãe! — respondeu o moço, com naturalidade. — Encontro-me, porém, na Colônia, terminando uma agradável tarefa junto aos futuros egressos. Aproveito-me do ensejo, também, para as cirurgias de que necessito, a fim de melhorar a aparência... (E sorriu, tranquilo.)

— Quanto a isto, às cirurgias — acentuou a genitora — contrataremos um especialista, em Opala, para ganharmos resultados mais compensadores...

Lucien novamente sorriu canhestro.

— Quando você pretende sair definitivamente? — voltou a interrogar interessada.

— Muito em breve.

— Não lhe conviria uma viagem ao exterior, para esquecer, renovar-se?... Talvez, mesmo, para voltar a tocar... Quem sabe das possibilidades que você tem?

— Nunca mais, mamãe! Estes dedos — e mostrou a mão direita ainda marcada — estão definitivamente deformados... O que fiz ontem e hoje, somente o consegui por concessão especial de Deus. (Os olhos tornaram-se-lhe úmidos.)

Havia imensa tristeza em sua voz, um singular sofrimento nos gestos e um grande abatimento nas atitudes. A mãe percebeu e comoveu-se. Desejou abraçá-lo, mas refreou o ímpeto. Temia-o, embora não soubesse a razão disso.

— Receia alguma coisa, Lucien? — interrogou bondosa.

— Você agora está curado, filho!...

— Sim, receio, mamãe — respondeu. — A enfermidade estacionou e passou o perigo da contaminação. Ficarei, porém, sob controle semestral. Há sempre o perigo da recidiva... E eu temo ter de recomeçar tudo outra vez...

Depois de ligeira pausa, aduziu:

— Nestes longos anos, quase todas as mãos que me tocaram fizeram-no por necessidade médica, em função do tratamento! Eram injeções, pequenas cirurgias, socorros... Quanto acalentei o desejo de uma carícia verdadeira, fosse de irmão, de conhecido, de alguém amado!... Não me queixo, não reclamo. Estou, apenas, cansado de sofrer. Oh! Mamãe! (O olhar do filho envolveu-a inteiramente e ambos prorromperam em lágrimas.)

— E há tal possibilidade?

— Sim, há. A volta é cruel.

— Você, nós não voltaremos a sofrer mais, meu filho, como dantes. Eu não o permitirei. Você não enfermará novamente. Juro que isso não se dará outra vez. Eu prometo, meu filho...

Lucien, colhido pelas palavras de dona Angelina, percebeu-lhe alguns sinais de desequilíbrio emocional. Só então se deu conta do quanto também ela deveria ter sofrido.

No silêncio que se fez natural, quase incômodo, Lucien começou a refletir no conteúdo daquelas palavras banhadas pelas lágrimas: "Juro que isso não se dará outra vez..."

No olhar de quase desvario materno, a expressão de medo e ódio por um momento cintilou.

Nada mais puderam falar. O silêncio grave permaneceu na sala adornada. E os dois, caminhando automaticamente, retornaram ao grupo.

Armando notou o semblante nublado do amigo e o rosto congestionado da anfitriã, que se tornara visivelmente inquieta.

Alegando compromissos e fazendo-se seguir por Myrian, despediu-se, tendo o Dr. Medeiros se prontificado gentilmente a conduzi-los de volta ao lar.

Lucien nada referiu ao amigo, nem este, por delicadeza, lho perguntou.

Declarando-se indisposta, a Sra. Dr. Medeiros não compareceu às demais solenidades, e seu esposo passou a preocupar-se, confessando ao filho quanto vinha observando em torno do equilíbrio psíquico da companheira.

Lucien foi visitá-la às vésperas da viagem, notando-a singularmente abatida e algo transtornada.

À sua instância, prometeu retornar antes de partir.

Algo de estranho pairava no ar, prenunciando sombras adversas que pareciam conspirar.

4. GULOSEIMA E PREOCUPAÇÃO MATERNAL

Embora aqueles hajam sido dias de renovação interior e de alegrias hauridas nas fontes evangélicas, donde fluem os risos do conforto, Lucien, após o diálogo mantido com a genitora, passou a afligir-se interiormente, sob a angústia de sucessos inesperados.

Sua mãe ultrapassava os sessenta anos e, no entanto, se demorava imatura. As dores acerbas que padecera não a modificaram. Prosseguia mais interessada nas superfluidades do que nos profundos objetivos da vida. A condição econômica de que desfrutara, guindando-a desde cedo às facilidades sociais, perturbou-lhe a faculdade do discernimento; mergulhada no mundo vão das artimanhas, do engodo exterior, não se conseguia aprofundar nos intrincados problemas do espírito. Portadora de regular cultura, não adquirira sabedoria, adicionando conhecimentos, sem armazenar sensatez. Não se poderia considerá-la má; todavia não se definia pelos rumos do bem. Fazia parte do imenso grupo dos neutros, dos que se vinculam à mornitude da conveniência, na qual se perdem e perturbam a marcha do progresso.

Conforme prometera, visitou-a antes de partir e foi, por ela, delicada e largamente mimoseado. Parecia que ela retornara ao já distante passado, anterior à enfermidade que o vitimara. O filho, porém, que se acostumara à lição dos sofrimentos, a compreender as criaturas adentrando-as além das exterioridades, sofreu, à despedida, percebendo mais do que lhe convinha identificar.

No aeroporto, em companhia de Armando, Myrian e amigos, partiu para Opala, no mesmo voo que traria o devotado confrade ao lar, em Hermínia, onde novos deveres o aguardavam.

Enquanto se apresentavam, arrumando a bagagem de mão, Armando, deparando com os mimos do amigo, diante do bem acondicionado *pannettone*, dizia, com humor, objetivando desvanecer-lhe a tristeza:

— Que belo presente! Espero ser aquinhoado com uma régia fatia deste suculento pão doce!

Lucien fitou-o, triste, e tentou sorrir, sem qualquer comentário.

Logo a aeronave decolou. Passados os minutos primeiros, quando o bulício dos serviços começava a bordo, Armando notou a extrema palidez de Lucien. Indagando-lhe do que sofria, este tranquilizou-o, informando tratar-se de natural reação orgânica à instabilidade do avião, na turbulência que o agitava.

Quando o *bólido* alcançou a velocidade de *cruzeiro* e o céu azul, infinito, suplantara as nuvens borrascosas, Lucien, justificando o próprio mal-estar, começou a elucidar:

— Desculpe-me a indelicadeza de há pouco, quando entramos e você me ajudou com a equipagem...

— Ora, meu amigo — contestou Armando. — Que é isso?

— Necessito explicar-lhe — retornou ele. (A voz era débil.) — Estava pensando se deveria inteirá-lo ou não do ocorrido. Afinal, não pretendo ser ingrato, ou parecer que censuro a minha própria mãe...

Ato contínuo, narrou a entrevista que mantivera com a progenitora, iludida quanto às realidades humanas e espirituais.

— Quando fui abraçá-la e ela me obsequiou com o *pannettone*, foi explícita: "É seu. Não o dê a ninguém; nem uma fatia. Fi-lo para você, somente para você. Imagine que me levantei do leito para prepará-lo. Desgostar-me-á muito se você o der a alguém ou o distribuir no hospital. Eu o saberei e ficarei desolada. Sei que você não comeu o outro e ignoro o que dele fez. Este, porém, é seu, unicamente seu. Serei feliz se você me atender, filho." — E sorriu, pobrezita!

"Prometi atendê-la. Ela fitou-me, então, de maneira indefinível; emocionou-se e disse-me: 'apesar de tudo, eu o amo... a meu modo. Perdoe-me tudo!' Falava com sinceridade, comovida, como se não nos fôssemos voltar mais a ver."

O jovem silenciou como se estivesse arrolando lembranças que desejava ordenar. Logo depois deu curso à narração:

— Há dois anos, quando vim de visita ao lar, na programática de reintegração social, fui submetido a testes para constatação da possibilidade de alta. Foram dias tormentosos para mim. Procediam-me exames mensais, na expectativa de estar em fase negativa de contágio, o que, após doze meses em condição liberativa, possibilitaria o atestado de "cura clínica". Eu vinha com excelentes resultados e tudo indicava minha próxima saída do hospital. Já me readaptava psicológica e socialmente. Transcorrida a semana em casa, sem que mamãe me visitasse uma vez sequer, no apartamento do quintal, onde me encontrava, na hora da viagem foi-me ver e despedir-se. Justificou a ausência, naquela temporada, dizendo-se vítima da enxaqueca, a desagradável indisposição que sempre a prostrava... Entregou-me um *pannettone* de presente, asseverando: "Preparei-o com especial carinho para você, que sempre o preferiu. Alegrar-me-ia muito se o comesse todo, quando lá chegar... Não o dê a ninguém. É uma carinhosa lembrança que eu dedico a você... Saberei se você o deglutiu ou não." E ofertou-mo. Mamãe é excelente artista culinária que deleitava a família, de quando em quando. "Agradeci-lhe, emocionado e confundido, pois supunha que me detestasse. Despedimo-nos e viajei. "Sempre amei os animais, como você bem o sabe. Comigo, no apartamento da clínica psiquiátrica, onde já me encontrava cooperando, mantinha um querido gato angorá: *Gris*, como eu o nominara.

"À noite, após a fadiga da viagem, arrumei-me para o lanche, perseguido por *Gris*, sempre esfaimado, com seu pelo reluzente e macio.

"Doei-lhe larga fatia do pão e dispunha-me à refeição, quando fui chamado a atender um amigo que entrara em crise depressiva, havendo tentado o suicídio.

"Segui apressadamente e busquei ajudá-lo, com o enfermeiro plantonista, até acalmá-lo, horas depois."

Lucien passou a medir as palavras, que lhe saíam dos lábios, lentas, quase inaudíveis.

— Quando retornei exausto — prosseguiu —, deparei com o *Gris* morto, à entrada da sala... Fui acometido por terrível desespero. Não podia entender o ocorrido. No solo, sobre o seu prato de refeição, estavam os restos do *pannettone*. Como entender? Aturdido, convoquei o enfermeiro-analista e, numa necropsia improvisada, ele diagnosticou a *causa mortis* do meu bichano: envenenamento por arsênico, colocado no pão, conforme constatamos de imediato. Ante o infausto acontecimento e ainda profundamente abalado, justifiquei-me, esclarecendo que eu trouxera a isca envenenada pensando nas ratazanas que empestam a Colônia e não poucas vezes se locupletam em pacientes insensíveis, no "ferro-velho"...[6]

---

[6] "Ferro-velho" é gíria hospitalar com que se apelidam os mutilados irrecuperáveis, postos em enfermarias próprias e nem sempre assistidos convenientemente.

"Ninguém pode saber o que se passou comigo. Minha própria mãe desejava libertar-se de mim. Recordei-me de uma frase sua: 'Com sua morte, filho, todos descansaremos: você repousará, libertando-se do infortúnio, e eu ficarei tranquila, sem este pavor, que me alucina, de que alguém descubra o seu mal e faça a vergonha se abater sobre a nossa família...'

"Infeliz mamãe!"

Ele estava desfeito, ferido.

— Não é necessário que se aflija tanto — apressou-se Armando, para poupá-lo às melancólicas recordações. — Eu compreendo todo esse drama. Esqueça o mal e oremos confiantes no bem.

— Sim, sim! — aduziu paciente. — É o que procuro fazer. Todavia, no ano passado, quando retornei a casa, ela agrediu-me, censurando-me por não me ter servido do pão. Dissimuladamente redargui-lhe:

"— E como o sabe, a senhora? Pois tenha a certeza de que nele nutri-me, em companhia de amigos da Colônia.

"— Você mente — acentuou colérica. — Se você se tivesse dele alimentado, eu o saberia.

"— Ora, mamãe — espicacei-a rebelde —, nada mata leprosos, nem mesmo a lepra! A própria doença rouba as energias, a fim de que o assassino da vida seja outra enfermidade... Esteja tranquila.

"— Você não ficará impune — esbravejou, golpeando a mesa — por zombar de mim.

"E saiu do apartamento, deixando-me mergulhado em duras, amargas reflexões.

"Confesso que, pela primeira vez, detestei-a. Impulsos inferiores assomaram-me, sendo necessário hercúleo esforço por dominar-me."

Lucien suava e tremia. Além das doridas recordações, padecia as contingências do voo, que se tornara desagradável em face do mau tempo.

Cerrou os olhos, silenciosamente, e as lágrimas lhe escorreram pela face magra e macilenta.

— Agora, novamente — reiniciou a conversa, com lentidão —, mamãe faz outra tentativa infeliz... Perdoe-me, estou tenso. Receio esquecer-me desse *presente* e que alguém, encontrando-o... Somente na Colônia me poderei libertar dele satisfatoriamente, queimando-o...

— Rejubile-se — acrescentou Armando, dando inflexão otimista às palavras — por estar em sublime expiação, resgatando-a com êxito. Dona Angelina sempre esteve enferma, encontrando-se agora em agravada situação. Recorde-se do ensino evangélico: *"Bem-aventurados os que choram, porque serão consolados!... Alegrai-vos e exultai, porque é grande o vosso galardão nos céus!..."* Ditosos aqueles que dispõem da moeda-resignação para o ressarcimento dos débitos morais que trazem do pretérito!

"Não somos outros, senão os Espíritos agressores, usurpadores de ontem, nos recomeços inadiáveis de hoje. Por tal motivo, reencarnação é justiça de braços abertos para acolher os antigos trânsfugas. Você consegue agora as láureas que nos faltam a quase todos, transformando-se em lição viva de fé, atestado do que pode a bendita Doutrina Espírita realizar nas províncias da alma, especialmente quando esta se encontra azorragada por rudes borrascas..."

— Armando, sinto-me cansado — balbuciou, compungidamente. — Já não vejo alvoradas, mas poentes... Tudo: aspirações, sonhos, esperanças, trasladei-os para o Além... Parece-me que a hora se avizinha...

Os amigos se apertaram as mãos, sem palavra nenhuma. Já não havia o que dizer, nem se fazia necessário.

A aeronave aterrissou e os passageiros saltaram.

Após desembaraçar a bagagem, Lucien despediu-se de Armando que prosseguiria viagem.

— Até breve! — tartamudeou o poeta.

—Até logo mais... — assentiu o mensageiro que ficou olhando-o a claudicar na direção do táxi, atravessando o imenso saguão do Aeroporto de Opala, vagarosamente, acompanhado pelo carregador da bagagem.

Sem saber-se explicar, Armando experimentou aguda aflição, estranha amargura, vendo o amigo alquebrado que se ia em solidão.

Vencido por impulso incoercível, correu e o abraçou, como se desejasse, naquele amplexo, dizer tudo quanto não saberia, nem conseguiria expressar de outra forma.

Conduzindo-o ao veículo, ambos choravam.

O táxi partiu, buscando a cidade tumultuosa, enquanto ele ali ficou, contemplando a floresta de concreto, a distância, pensando no amigo...

Os alto-falantes anunciaram a partida do voo. Cabisbaixo, Armando seguiu na direção de outras realidades, carregando, túmido de angústias, o espírito saudoso. Fazia-se imprescindível seguir, mesmo com a alma ferida, confiando em Deus.

5. LUCIEN ROMPE AS ALGEMAS

Armando não se podia libertar da estranha compressão íntima que o afligia desde que se separara de Lucien. Parecia-lhe que as débeis forças do amigo se esvaíam irreversivelmente. A despedida não parecia prenunciar novo encontro no plano físico. As informações que lhe ministrara o amigo, a bordo da aeronave, afligiam-no. Somente uma Doutrina fundamentada na reencarnação, qual ocorre com o Espiritismo, possui a chave para elucidar os enigmas da atormentada personalidade humana, traduzindo a misericórdia e a justiça divinas. Por trás das ocorrências externas, quantas desconhecidas matrizes de acontecimentos jazem ocultas! Na Terra sucedem-se os desfechos, cujos fatores causais vêm das existências pregressas, nela igualmente gerados. Tudo são componentes de complexo quadro, que não pode ser considerado por ângulos isolados.

"Aquela viva animosidade" — reflexionou Armando — "mantida pelo inconsciente de dona Angelina, a ponto de aspirar a destruir o filho, remanescia do pretérito quadrissecular de que não sabia libertar-se. Quantos crimes que diariamente ocorrem resultam da fraqueza atual de antigas vítimas, que se convertem em algozes infelizes! Ódios no lar, paixões açuladas, enfermidades nefastas, idiossincrasias persistentes, antipatias violentas, assomos de loucura e diversos outros fatores que afetam a estrutura moral, social e espiritual do homem se enraízam no ontem de cada um!

"Que sublime futuro está reservado ao Espiritismo, no ministério de esclarecer e conduzir o espírito humano! Dia virá em que reverdecerão as paisagens espirituais da Terra, e o amor — alma da Criação! — espargirá felicidade, conforme as auspiciosas promessas do Cristo de Deus.

"Tudo, portanto, está certo, ocorre dentro de um esquema que se realiza conforme o esforço que cada qual empreende, granjeando méritos ou não."

Intimamente compreendeu que chegavam os dias da libertação do amigo. Como, porém, a dor da separação pela morte é a mais terrível, quando se ama, na Terra, o amigo passou a sentir a presença do aguilhão da saudade...

Em Hermínia, ao retornar, os labores do cotidiano absorveram-no. Recordava-se, porém, amiúde, do companheiro querido. Sem embargo, havia tanto que fazer, nos deveres a que se afeiçoara, que as lágrimas e as dores de quantos o buscavam, ansiosos, tomaram-lhe o tempo mental.

Ocorre que a caravana dos "filhos do Calvário", isto é, dos sofredores de todos os tempos, é cada vez maior. Poucos, porém, são aqueles que se dispõem a distender-lhes mãos amigas, amparando-os na marcha, como a irmãos dos seus sofrimentos. Esses escassos obreiros do *Consolador*, em razão disso, mais sobrecarregados se encontram, a cada dia e a toda hora.

Os meios de comunicação, que não cessam de multiplicar-se, noticiam diariamente as tragédias em que se consomem a esperança e a dignidade, fomentando a insensatez, a soldo da violência e da criminalidade, e ampliando a sementeira da licenciosidade e da loucura.

Armando não media esforços no labor socorrista, lecionando otimismo e paciência, distribuindo o pão de luz e o de trigo, o medicamento e o agasalho, juntamente com outros valorosos trabalhadores, devotados à vivificação do Evangelho, nas províncias de dor e sombra dos infelizes que os buscavam.

Lucien retornou igualmente ensimesmado. Não obstante as alegrias hauridas — prenunciadoras de despedidas —, o diálogo com a progenitora produzira-lhe indescritível mal-estar. Sabia dos intentos que a pobre senhora acalentava e fora constrangido a carregar, em forma de presente, a sentença fatal... No entanto, queria-a, apesar de tudo. Dela guardava recordações muito queridas e devia-lhe, senão afeto, pelo menos a oportunidade de viver. Identificava-a como a desventurada Beatrice, que a sua insânia arrastara a superlativas dores, no passado, e sabia que o seu resgate resignado deveria comovê-la e abrir-lhe as portas da alma ao perdão incondicional.

A valiosa intuição da proximidade do fim orgânico anunciava-lhe chegado o tempo, o azado momento da liberdade.

Assim, sustentado na fé, redigiu longa missiva à genitora, narrando-lhe sucintamente as razões pregressas da enfermidade que o martirizara por todo um decênio e falando-lhe do seu perdão.

"Anelei" — escreveu emocionado —, "durante todos estes anos, a sua compreensão, senão a sua piedade. A princípio, aguardava uma carta do lar, qual um prisioneiro das sombras, que sonhasse com um raio de sol, enquanto jazia a ferros, no grabato do abandono. Bem sei, porém, que a senhora não tem culpa. Nossos destinos voltaram a unir-se, para que nos reajustássemos ao código das Leis Soberanas...

Graças a Deus, parto do corpo pelo fenômeno da morte natural, sem que algo ou alguém me haja apressado o fim... Assim, avançarei feliz, porque não terei sido causa de nova desgraça, nem o remorso se aninhará em coração algum.

O passado volta, mamãe. Apaziguemo-nos com ele, enquanto nos sorriem as oportunidades! Um dia, a senhora compreenderá muito mais, a nosso respeito. Aqui, tenho visto e acompanhado o desagregar de mil ilusões. Como agradecer a Deus o abençoado catre em que renasço definitivamente para a vida?! Logo mais, quando chegar-me o instante da partida, seguirei sem mágoas, sem rancores. Espero fitar a retaguarda com amor e gratidão. Repasso desde já, mentalmente, os dias que se foram, e só então descubro quanto me foram preciosos. Sou um novo Jasão da paz, que encontrou inesperadamente o 'Velocino de Ouro', onde jamais supunha que estaria. A minha Cólquida começava depois da entrada do leprocômio e os meus Argonautas foram a oração, a paciência, o silêncio e a fé incessante. Venci o Dragão que surgiu dentro de mim, na forma de ulcerações lepromatosas, mas não me utilizei dos artifícios de Medeia, nem me deixei sucumbir às suas pérfidas maquinações. O meu Pélias, que é o meu passado, agora está em paz, e a dívida, sem mais ódio, resgatada...

Oro pela sua paz e lamento não ter sido uma das suas joias, conforme dos filhos se ufanava Cornélia, a célebre mãe dos Gracos. Tudo fiz para evitar desgostos à senhora e à família... A enfermidade, porém, vivia comigo antes do berço, nos tecidos sutis do perispírito, aguardando ensejo para manifestar-se.

Perdoe-me, mamãe, e recorde-se de mim com piedade, se não me conseguir amar.

Tudo o mais se consumará dentro em breve. Passado esse dia, que já chega, recomponha sua vida. Estaremos livres, eu e a senhora cada um na sua própria esfera..."

A mensagem era pontilhada de carinho e de fé, de ternura e de bondade.

"Volte-se para Deus!" — concluía. — "Ninguém vive em paz sem fé. Jesus é o Guia divino: busque-o!"

E despedia-se comovedoramente.
Cerrou o envelope, subscritou-o e o guardou.
No dia imediato escreveu também a Armando e a Myrian, os dois corações amados, uma só missiva.
Acalmadas as ansiedades e acreditando-se em paz, deu curso às atividades que lhe diziam respeito e aguardou confiante e paciente...

※

A epístola estava assinada pela reverenda madre Maria Auxiliadora, e Armando leu-a com crescente emoção.

"É do meu dever" — narrava a religiosa — "notificar-lhe o falecimento de Lucien, conforme me foi por ele solicitado antes.

Foi um anjo e agora está aos pés de nosso Senhor! (A linguagem traía a mentalidade eclesiástica.)

Éramos muito amigos e nos identificávamos, apesar de algumas diferenças de opinião religiosa.

Paciente na vida, também o foi na morte.

Nenhuma reclamação, revolta alguma.

Foi vítima de um enfarte do miocárdio, sobrevivendo por algumas horas, e não resistiu a nova crise. Nesse ínterim, após a dor crudelíssima, estive à sua cabeceira, orando...

Com estoicismo, aguardou o momento e fez-me algumas recomendações de que me desincumbo.

Quando percebeu que estava prestes a partir, solicitou-me orar a 'Prece dos agonizantes'[7] e embora o sofrimento que lhe arrebentava as algemas, no corpo cansado, esboçou um sorriso e balbuciou:

— Deixe-me chamá-la... mamãe!...

---
[7] De *O Evangelho segundo o Espiritismo*, de Allan Kardec, cap. XXVIII, nº 57, FEB.

Acostumada, como estou, à aparição do *anjo da morte*, ao lado de muitos pacientes, não contive as minhas lágrimas, como se alguma coisa dentro de mim houvesse morrido também.

Demorei-me ali, olhando-lhe a face descontraída, quase sorridente... Cerrei-lhe as pálpebras e pus-me a pensar no mistério da morte.

Onde, agora, a força que acionava músculos e órgãos? Que foi feito da luz que até há pouco brilhava naqueles olhos e do som que aqueles lábios emitiam?

Diante de um corpo morto, ninguém há que se não pergunte pela vida. Só a teimosa descrença tenta reduzir a vida a um nada estúpido, aliás inutilmente.

Bem-aventurados os que creem, porquanto viverão!

Anexo-lhe a missiva que ele me entregou ao senhor endereçada."

As palavras finais, de despedida, eram corteses, de alma humilde, forjada nos fornos do sacrifício e da abnegação ao próximo.

Armando abriu o envelope e deixou-se envolver pelas agridoces recordações, lendo a correta caligrafia do amigo sempre vivo, a narrar gratidão e programar recomeços após o desgaste orgânico.

"A vida" — registrara com firmeza — "não são apenas queixumes, amarguras, desencantos, mas também esperanças de paz e anelos de amor, em fecundo programa de imorredouras realizações.

Ante a indestrutibilidade da alma, não cessam os sonhos de felicidade, nem diminuem as aspirações aos júbilos. A vida são belezas, e não só tristezas, porquanto estas traduzem apenas o nosso atraso mental e moral; são os dias que alvorecem e não as noites sombrias, que nascem da ausência da luz solar; são os amores, e não os ódios, que traduzem primitivismo: são as experiências de crescimento, e não os estacionamentos na senda evolutiva; são as canções de paz e fraternidade, em ritmo de entendimento e música de ternura, e não os ruídos desordenados do desespero ou da rebeldia... São as maravilhas da Natureza e as flores miúdas do campo, não os espinhos, a urze, a terra adusta; são a fé e a caridade, não a descrença, nem a indiferença; são a solidariedade e o trabalho edificante, não o egoísmo ou a preguiça nefasta... A vida é o hálito do Pai celeste que a tudo vitaliza e sustenta...

Se eu pudesse doar algo aos que ficam, deixaria as noites de luar para os que amam; as praias de sonho para os que têm sede de beleza; as flores da campina para os que pesquisam, e as montanhas da fé para os que meditam, dizendo-lhes: amai, porquanto só o amor permanece: — frui-o em toda a sua grandeza!

Gostaria que vocês me lembrassem, recordando-me feliz.

As lembranças despidas de amargura são benéficas aos que sobrevivem à morte e os envolvem em sinfonias de bênçãos.

Oxalá a minha passagem pelos seus caminhos não haja sido de sombra ou de melancolia."

Armando enxugou as lágrimas discretas e o suor a porejar-lhe pelo rosto pálido. Não saberia dizer quais os sentimentos que então o visitavam.

Volveu mentalmente à carta cujo texto reatara os liames com o amigo agora desencarnado, na qual ele rogava ajuda para o artesanato que iria beneficiar os futuros egressos da hanseníase.

O tempo parecia não ter existido nesse ínterim.

Lucien agora estava livre. O prisioneiro arrebentara as correntes e rompera com a retaguarda. Amanhecia no seu caminho imortal, após sublimada e vitoriosa expiação.

6. A BÊNÇÃO DA PAZ

As distonias nervosas que já vinham inquietando a Sra. Medeiros, desde o último encontro que mantivera com o filho, agravaram-se expressivamente. Após o diálogo franco entre ela e Lucien, enraizara-se-lhe no espírito a disposição de encerrar aquele terrível capítulo da existência, por meio da eliminação pura e simples do moço. Por isso não hesitou em brindá-lo com o *pannettone* envenenado. Na sua mente enferma, aquele era um seguro método de tranquilização para todos. Sem saber-se explicar o que acontecera, o reencontro propiciara-lhe estranha piedade. Não lhe ocorrera antes o expressivo valor do tributo que o hanseniano pagava à dor. Pensara exclusivamente em si própria, nos seus interesses contrariados. No entanto, quando ouvira as sofridas exclamações daquela alma martirizada, resolvera-se libertá-la da canga pelo assassínio. Seria um ato de piedade, uma aplicação da eutanásia. Não recearia fazê-lo, nem sequer pensaria nas consequências legais, desde que as questões morais do crime, mesmo na primeira tentativa frustrada, não lhe vieram à razão atormentada.

À despedida, acompanhando o filho enfraquecido, alquebrado, como se fora construído de delicados cristais, transparentes e destroçados, a carregar o veneno que o iria destruir, dominou-a incoercível tristeza. Desejou arrebatar a guloseima fatal, gritar-lhe a confissão que a aliviaria de toda aquela dor, mas não pôde fazê-lo. O orgulho a que se aferrara durante a vida e a indiferença pelo filho, o entranhado ódio, sustentado por muitos anos, impediram-na salvar-se do que viria depois.

Pela imaginação em desalinho acompanhou toda a viagem, concebeu a cena da tragédia, meditou nos resultados, experimentou os desencontrados sentimentos de alegria tresloucada e de arrependimento tardio... Refugiou-se, depois, à espera das notícias do infausto acontecimento. A excitação pouco a pouco dominou-a, passando a estado de hipersensibilidade paranoica.

Vinculada a adversários do pretérito e em desequilíbrio psíquico, rendeu-se a mortificadora obsessão. Mentalmente via Lucien contorcendo-se sob a ação do tóxico letal — remanescente da subconsciência, que fora fixada fortemente na tragédia de Faenza —, descambando do descontrole que se lhe tornou total à alucinação de longo curso.

Francamente: dona Angelina enlouqueceu, vítima da incúria e da rebeldia. Não soube, sequer, da desencarnação do filho, que se desenovelara dos tecidos físicos vinte dias após haver retornado à Colônia.

O Dr. Euricles Medeiros providenciou psiquiatra amigo para assistir a esposa no lar, receoso de conduzi-la a um frenocômio, e preferindo arcar com os efeitos do desequilíbrio dela, capaz de confidências que deveriam morrer ignoradas. É claro que também ele conhecia, de certo modo, os planos da consorte, e esforçava-se por ignorá-los. Detestava Lucien e sempre o tivera em conta de abjeto. Os raros momentos em que o suportara foram resultantes do verniz social que se impunha. Parecia conhecê-lo e odiá-lo desde priscas eras. Singular estado da alma!

(Tommaso, o antigo administrador da herdade dos Lunardi, reencarnara-se para o consórcio com Beatrice, a fim de lavarem juntos, nas águas lustrais do amor, a vasa do ódio, abrindo o coração à piedade, à misericórdia.)

Cúmplice, portanto, e responsável indireto pelo desequilíbrio psíquico da esposa, foi surpreendido pela desencarnação do filho, quando planeava reparar os males da indiferença, mandando buscá-lo de volta para o seio da família. *Dis aliter visum.*[8] Quando, porém, a caridade tarda demais, seus esforços podem restar infrutíferos. O empenho pelo bem, a reabilitação, as experiências do amor, que devem clarear os espíritos, têm regime de prioridade, em qualquer clima de serviço. Adiar o bem é forma de retardar ou obstar o progresso, perturbando a vida.

Ante o lacônico telegrama que lhe fora enviado pela religiosa, em nome do hospital, o Dr. Medeiros deixou-se dominar pelas refreadas emoções e não suportou o peso da realidade. A esposa, prestes a seguir na direção de um hospital psiquiátrico, e Lucien, agora desencarnado, constituíam-lhe superlativo dissabor.

"Sim" — refletiu —, "gostaria que tudo houvesse transcorrido de maneira diversa. Agora que a velhice o surpreendia com desencantos inesperados, que não daria para refazer o caminho, contornar obstáculos, modificar situações? O orgulho perdera-o. Sentia-se muito só. Fora apologista do *après moi le deluge*.[9] Os filhos, educados para o egoísmo e a ambição desordenada, brilhavam no proscênio do mundo, muito longe dele. Eram amigos apenas gentis, sorridentes. Todavia não aprenderam a ser companheiros na dor, solidários no testemunho da amargura e da soledade. Ele não se preocupara em brindá-los com o conhecimento profundo das lições cristãs, de modo a quinhoá-los com os tesouros da afeição desinteressada. Enriquecera-os de bens transitórios e estava quase só.

---

[8] "Os deuses resolveram de outra maneira", dizia Virgílio (*Eneida*, II, 428).
[9] "Depois de mim o dilúvio", célebre frase atribuída a Luís XV, rei da França.

Poderiam os filhos compreender todas aquelas tristes conjunturas, cujo desfecho também a ele surpreendia? Detestavam Lucien, receosos do contágio, da humilhação. Aliás, aquele nome só fortuitamente era enunciado naquele lar..." Nesse estado da alma leu a carta que o filho dirigira à mãe. Era quase um poema, digno de Keats, cujos versos eram prosa de amor e ternura, salmodiando aspirações transcendentes.

Nem uma única vez, sequer, apresentava queixa; antes, era toda de gratidão a missiva de despedida.

Dona Angelina, desvairada, não pôde tomar conhecimento do seu conteúdo, delirando entre as evocações da hediondez passada e o tormento do crime cuja não consumação ignorava.

A conselho de Myrian Vasconcelos, que se prontificara assisti-la numa Casa de Saúde dirigida por espiritistas, em cidade do interior de Opala, para ali foi transferida a inditosa senhora.

Sem olvidar Lucien, que sabia venturoso, Myrian, portadora de apurada sensibilidade mediúnica, passou a cooperar nas tarefas de desobsessão, no hospital, com que se beneficiava largamente a amiga antiga e dileta filha. Sem dúvida, a cristã veneranda nutria grande afeição pela dama transtornada. O pretérito espiritual sempre ressurge, e os liames, ao se reatarem, fazem desabrochar os sentimentos que dormem. Ante, porém, os dois afetos, Lucien, pelos amaríssimos sofrimentos, mais lhe requisitara a afeição de que necessitava em maior dose. No entanto, face ao estado de desequilíbrio em que mergulhara, dona Angelina despertava na genitora espiritual as vibrações de inefável ternura, socorro e proteção.

No desequilíbrio que a vencia, referia-se desconexamente aos acontecimentos transatos, ressuscitando lembranças afligentes.

Por meio do concurso mediúnico aos padecentes dos desvairos psíquicos e graças aos excelentes serviços dedicados ao bem, a admirável trabalhadora do Evangelho passou a sintonizar com Lucien em esfera de repouso e paz.

Com o tempo, pelo processo da inspiração, conseguiu recompor as peças da antiga tragédia e assessorar com mais eficiência a personagem sofrida, arrancando-a das espessas sombras do desespero em que se refugiara.

Os perseguidores desencarnados foram caridosamente atendidos e, com a bênção do tempo, Lucien, recuperado da cirurgia profunda realizada pela morte, retornava para ajudar Myrian no cometimento salvacionista.

Ajudada pela preciosa terapêutica psiquiátrica, de eficientes resultados na reorganização dos implementos da emotividade, a organização psíquica de dona Angelina se rearticulou lentamente, facultando-lhe participar da psicoterapia desobsessiva.

Após as alucinações, advieram os estados de entorpecimento e desinteresse, que cederam lugar ao reacender dos centros da vida mental que a concitavam a voltar à realidade.

Seis meses depois de internada e já em relativa tranquilidade, retornou ao lar, como medida de readaptação familial, para consolidação do tratamento.

A acolhida jubilosa do esposo e dos demais familiares propiciou-lhe renovação e entusiasmo, antecipando-lhe a possibilidade de reconstruir a vida quase destroçada.

Estimulada pela sadia convivência ao lado de Myrian, passou a assistir às preleções doutrinárias do Centro Espírita Discípulos da Verdade, reajustando-se intimamente ao programa da caridade.

Os resultados foram de imediato e salutar efeito.

Acalmaram-se-lhe os estados de inquietação espiritual, enquanto descobrira, no serviço ao próximo, a alegria de ser útil a si mesma.

Substituiu a rotina social pela festa contínua da solidariedade, a que se entregou, recuperando-se surpreendentemente sem necessidade de retornar à Casa de Saúde.

A caridade é luz na estrada, abençoando as sombras e tornando-as claridade.

O senhor e a senhora Euricles Medeiros reencontraram Jesus e recomeçaram o labor, assistidos por Lucien, que, do mundo espiritual, se tornou pouco a pouco, o filho diligente e o amigo devotado, abrindo-lhes os horizontes infinitos da esperança, a benefício dos deserdados e dos sofredores da Terra, jamais esquecidos de Deus. A reencarnação expiatória libertou o calceta, ensejando a ventura àqueles que lhe sofreram o guante cruel.

Jornadeando pela senda humana, prosseguem eles crescendo por meio do amor e aprendendo que só o amor poderá implantar na Terra o legítimo "Reino de Deus".

www.febeditora.com.br

/febeditora   /febeditoraoficial   /febeditora

Conselho Editorial:
Jorge Godinho Barreto Nery – Presidente
Geraldo Campetti Sobrinho – Coord. Editorial
Cirne Ferreira de Araújo
Evandro Noleto Bezerra
Maria de Lourdes Pereira de Oliveira
Marta Antunes de Oliveira de Moura
Miriam Lúcia Herrera Masotti Dusi

Produção Editorial:
Elizabete de Jesus Moreira

Capa e Projeto Gráfico:
Caroline Vasquez

Normalização Técnica:
Biblioteca de Obras Raras e Documentos Patrimoniais do Livro

Esta edição foi impressa pela Viena Gráfica e Editora Ltda., Santa Cruz do Rio Pardo, SP, com tiragem de 1 mil exemplares, todos em formato fechado de 140x210 mm e com mancha de 100x170 mm. Os papéis utilizados foram o Offset 75 g/m² para o miolo e o Cartão 250 g/m² para a capa. O texto principal foi composto em fonte Georgia 10/14 e os títulos em Port Credit 20/14. Impresso no Brasil. *Presita en Brazilo.*